工学部生のための
研究の進めかた

"使いやすさ"の追究と倫理的配慮

西山敏樹
Toshiki Nishiyama

慶應義塾大学出版会

はじめに

　近年の高齢社会化や障がい者の増加，外国人の増加などで，日本国内でも「使いやすさ」の研究に注目が集まっている。現在の製品やサービスが使いやすいのかを生活者とともに把握し，その結果に基づいてできるかぎりの試作を繰り返し，製品やサービスの質を高める研究である。専門的にはユーザビリティ研究といい，大学の研究室の名前についている場合もある。たとえば，筆者の専門である公共交通車輌をつくりあげるプロセスでも，生活者のニーズを的確に把握し試作を行ない，その検証（うまく動くか）や評価（テストドライバーや模擬乗客による評価）を繰り返しながら，その車の使いやすさを総合的に組み立てていく。

　これとともに，製品やサービスと生活者の関係性をよりよくするための研究も増えている。この製品・サービスと生活者の関係をヒューマンインタフェースといい，同じく大学の研究室名につく例が増えている。たとえば，高齢者になると難聴になりがちで，楽しみにしているテレビ視聴がしづらくなる場合が多い。高齢者とテレビの関係性をよくするために，テレビの声が近くで聞こえるスピーカーを置く方法があり，開発が進んでいる。テレビの音声をスピーカーに飛ばす技術であるが，こうした生活者と製品・サービスの関係性をよくする研究も，昨今の高齢社会化や障がい者の増加を背景に社会の注目が集まっている。

工学は，「生活者に肉迫して，抱えている問題やニーズに基づき公共の安全や健康，福祉（幸福）のために，有用な事物や快適な環境を構築することを目的とする学問」である。ゆえに，有用な事物や快適な環境が「使いやすく」ないと，公共の安全や健康，福祉（幸福）の水準も下がってしまう。工学の究極の目的は「使いやすさの実現」といっても過言ではないのだ。

　改めていうが，各地の工学部の工学の説明をまとめると，通常は「数学と自然科学を基礎とし，時には人文社会科学の知見も用いて，公共の安全や健康，福祉（幸福）のために有用な事物や快適な環境を構築することを目的とする学問である」と総じて説明している。ここで重要なことは，工学であっても，必要に応じ時には人文社会科学の知見も用いることが工学の前提という点である。使いやすさの実現では人文社会科学も欠かせないわけである。

　筆者は永年，この「使いやすさ」の研究や「製品・サービスと人間の関係性」の研究に携わっている。新しい研究分野であるため，学部生の卒業論文レベルでも学会で発表が行なえるような自由闊達な雰囲気もあり，学会も活性化している。しかし，研究室内に蓄積された技術に基づいてとりあえず「使いやすさ」や「製品・サービスと人間の関係をよくする技術」を開発し，ニーズ把握が軽視されている研究発表が後を絶たない。試作した場合の評価者のサンプリング方法が不適切な事例も多い。研究の論文やPowerPointなどでの発表資料に，調査協力者の顔を載せてしまうような非倫理的場面も目の当たりにする。

これは，自然科学のセンスで「使いやすさ」の研究や「製品・サービスと人間の関係性」の研究が行なわれるため，社会科学的なニーズ調査の方法や試作品の検証および評価に関係する教育に十分手がまわらず，研究倫理教育（人間として行なってはいけない要件の整理と教育）も十分確立されていない背景が影響している。本書は，こうした状況を問題意識として書かれている。「使いやすさ」の研究の本質に立ち返り，「ニーズの把握」「試作の企画と実行」「試作品の検証と評価」「試作品の改善」という起承転結を倫理的に遂行できる人材を育成するうえでのまったく新しい導入書として位置づけられる。本来，「使いやすさ」の研究は，機械設計やデザイン，認知心理，さらには制度論や政策論が絡む学際的な分野であり，総合科学的な分野である。これも意識して，文理を問わず読みやすい専門的導入書として書いている。ぜひ本書を読み，「使いやすさ」の研究や「製品・サービスと人間の関係性」の研究をよりよく行なって，われわれの住みやすい生活環境を創造してまいりましょう！

　2018年1月5日

西山敏樹

目　次

はじめに　*iii*

1. 工学の研究とは何か　*1*

1.1　工学とは何か　*1*
1.2　工学の研究が目指すことは何か？　*4*
　1.2.1　ヨーロッパのErgonomics（エルゴノミクス）の流れ　*4*
　1.2.2　アメリカのHuman Factors（ヒューマンファクターズ）の流れ　*5*
　1.2.3　今日の工学と他の分野との融合　*6*
1.3　多様な工学分野と社会への貢献　*9*
1.4　工学研究の現在と未来　*11*

2. 工学研究でわれわれが陥りやすいミスは何か？　*15*
　──ミスをしないためのポイント──

2.1　工学の研究テーマをどう決めるか？　*15*
2.2　工学の研究の計画をどう立てるか？　*21*
2.3　ユーザの意見をどう吸い上げるか？　*26*
2.4　ユーザの欲しいものをどう試作するか？　*28*

viii　目　次

2.5　試作したものの動作をどのように見ていくのか？　*32*

2.6　試作したものをどのように採点するか？　*33*

2.7　工学の研究ではどうまとめを行なうのか？　*35*

2.8　本章のまとめ　*35*

3. 工学研究を行なううえでのルール　*37*
──人としての常識を守った研究を！──

3.1　人を相手にすることの大切さを知ろう！　*37*

3.2　どのような工学研究でのルールがあるのか？　*47*

3.3　工学の研究の世界でのルール設定の動向を知ろう！　*52*

　　3.3.1　個人情報　*52*

　　3.3.2　侵襲性と非侵襲性　*54*

　　3.3.3　拘束と非拘束　*57*

　　3.3.4　資金　*60*

　　3.3.5　行動観察や発話　*62*

　　3.3.6　感性評価　*64*

　　3.3.7　タスク実施　*66*

　　3.3.8　質問紙調査やインタビュー　*68*

3.4　3Dプリンタが当たり前になる時代のルールとは？　*70*

3.5　「使いやすさ」の研究で気をつけるべきポイントは？　*72*

4. 工学の研究をどのように行なうか *75*
──改めて基礎的な流れを押さえよう！──

4.1 工学の研究での一般的なパターンとは？　*75*
4.2 実際に工学の研究のテーマを決めてみよう！　*76*
4.3 工学の研究の計画書を書いてみよう！　*81*
4.4 生活者への調査を計画・実行してデータをまとめよう！　*86*
4.5 生活者の声を大切にした試作品をつくろう！　*93*
4.6 試作品の動作を確かめ，実際に生活者に使ってもらおう！　*96*
4.7 工学の研究成果をまとめて発表しよう！　*101*

おわりに　*107*
索　　引　*111*

第 1 章
工学の研究とは何か

　まず本章では，製品やサービスの使いやすさを高めるための研究の世界観を見てみる。

1.1　工学とは何か？

　読者の皆さんも，日々通勤や通学で電車に乗るはずである。最近の通勤電車のシートがわれわれの身体にフィットするものになっていることにお気づきだろうか。昔の電車のシートは，戦時であると図1.1のような木製のもの

図1.1　戦時に設計されたモハ63形車内

戦時ということもあり，使いやすさよりも詰め込みが重視され，きわめて簡素なつくりになっている。リニア・鉄道館（名古屋）に展示されている車であるが，お世辞にも座りやすいイスではなく，長時間移動には不向きな車輌であった。

2　　第1章　工学の研究とは何か

図1.2　高度経済成長期につくられた国鉄の代表車輌である103系の車内

モケットシートになり，多くの人の通勤を支えた車である。角度などは十分に考慮されているとは言いがたいものであり，やはり長時間の通勤や通学を考えると，けっして快適なものとはいえない質であった。

図1.3　近年の代表的な通勤鉄道車輌であるJR東日本のE233系のシート

背もたれに疲れにくい角度がついていることがわかる。近年は，仙台・東京・名古屋・大阪などの大都市圏の通勤圏域も広がっており，こうした通勤車輌が長時間の通勤・通学をサポートしている。

も珍しくなかった。それが，高度経済成長期になり，**図1.2**のようなやわら
かめのシートに移行して，長時間の移動も多少考慮したものになった。さら
に現代では，**図1.3**のように従前の車輌開発・製造のプロセスで培われた高
度な技術を応用し，コストと耐久性にも優れ，われわれ人間にフィットして
長時間座っても疲れにくい座り心地のよい鉄道車輌用シートが研究・開発さ
れている。図1.1から図1.3の変化を見ればわかるが，鉄道の座席は使いやす
さが明らかに向上するのを見る際の代表例である。

　こういう鉄道のシートの座り心地の研究は，しばしばテレビのニュースや
新聞でも取り上げられる。われわれの都市生活で身近にかかわるものだから
である。その記事などを見て「人間工学」という言葉を目にした方も多いと
思うが，おおむね人間工学は次のように定義される。

《国際人間工学連合（IEA）による「人間工学」の定義 (The Discipline of Ergonomics)》
（日本人間工学会の公式ウェブサイトで紹介されている日本語訳を参考に加筆）

Ergonomics (or Human Factors) is the scientific discipline concerned
with the understanding of the interactions among humans and
other element of a system, and the profession that applies theory,
principles, data and methods to design in order to optimize human
well-being and overall system performance.

（日本語訳） 人間工学とは，システムでの人間と他の要素とのインタラク
ション（人間が何か操作や行動をしたときに，操作や行動が一方通行にな
らず，相手側のシステムや機器がそのアクションに対応したリアクション
をとる双方向の関係性）を理解するための科学的学問である。システム・
機器と人間の関係性の最適化を図るために，理論・原則・データ・設計方
法を有効活用する独立した専門領域である。

　こうして書くと難しいのでもう少しわかりやすく書くと，「生活のしやす

さや働きやすさを追究して，快適な環境を実現するために，安全で使いやすい機械や道具類，サービスを人間の身体特性，心理などに寄り添って創り上げる実践的な学問分野」と記すことができる。

ここで鉄道の座席の話に戻ると，図1.1や図1.2のようなシートの開発では人間の身体特性や心理は重視されず，戦時や高度経済成長期の大量輸送が重視された。そのため，人間の快適性は損なわれた。しかし，経済的にも成熟して，生活の質が重視されるようになって鉄道車輌も図1.3のような快適性が重視されるようになった。鉄道会社も，人間の身体特性や心理にフィットしたシートに関心を示し，結果人間工学を重視するようになったのである。

こうした使いやすさを追究する「人間工学」という学問分野は，高齢者の増加もあり，ますます重要になっている。今日，使いやすさを追究する人間工学は，注射器やベッドなどの医療や看護の用具・用品開発分野，原子力発電などの安全管理分野や環境問題の分野，自動車製造などの工学やデザインの分野と，じつに多様な分野で注目されており守備範囲もたいへん広い。こうしたことからも，「使いやすさ」を追究する「工学の本丸」としても成長しつつある。工学自体も，「生活者に肉迫し，抱えている問題やニーズに基づき公共の安全や健康，福祉（幸福）のために，有用な事物や快適な環境を構築することを目的とする学問」である。ゆえに有用な事物や快適な環境が「使いやすく」ないと，公共の安全や健康，福祉（幸福）の水準も下がる。工学の究極の目的は，「使いやすさの実現」といってももはや過言ではないのである。

1.2 工学の研究が目指すことは何か？

1.2.1 ヨーロッパのErgonomics（エルゴノミクス）の流れ

使いやすさの研究の歴史も見ておきたい。要は人間工学の歴史と同意であるが，今日の人間工学は，ヨーロッパのErgonomics（エルゴノミクス）の流れとアメリカのHuman Factors（ヒューマンファクターあるいはヒューマンファクターズ）の流れが合わさったものとなっている。Ergonomics（エルゴ

ノミクス）は，ギリシャ語のErgonとNomosの合成語を源とする英語（造語）である。19世紀中頃のポーランドの学者Wojciech Jastrzębowskiの造語である。"ergonomics"の流れであるErgonは「労働や作業」を意味し，Nomosは「法則や科学」を意味する。合わせて「労働の法則・科学」を意味するのがErgonomicsである。労働のしやすさを主題にし，労働環境改善を目指した学問が人間工学の一つの起源である。

　戦後の1949年にはイギリス人間工学会（Ergonomics Research Society of Great Britain）が創設されている。イギリス人間工学会は，人間とその人が作業する環境の関係を解剖学や生理学，心理学などの多様な側面から研究することを目的としたものである。これを起点としてヨーロッパ各国に関係学会が相次いで設立された。この流れから，1961年には国際人間工学会（International Ergonomics Association）が組織されるに至り，今日の人間工学の一大潮流が形成された。こうしてヨーロッパでは，労働科学的な学問分野として「労働者と職務者の関係」「職務での労働者の諸特性の理解」「職務の労働者への適合可能性」「職務での労働者の疲労軽減策や健康確保策」が主軸に置かれ，人間工学が発達していった。

1.2.2　アメリカのHuman Factors（ヒューマンファクターあるいはヒューマンファクターズ）の流れ

　アメリカ合衆国では，ヨーロッパに遅れて1911年にウィンスロップ・タルボット（Winthrop Talbot）が雑誌『人間工学』を創刊した。「人間工学（Human Engineering）」のアメリカでの最初の使用例である。ここでは，創刊者自身の労務改革構想が取り上げられ，やはり最初は労務環境改善に関心があったことがわかる。1922年にはHuman Engineering Laboratory Incs. という研究所がボストンに誕生した。1920年代は人間工学の幅が工学教育や産業心理学にも広がっていった。第二次世界大戦中には空軍戦闘機のコックピットの設計の問題が契機となった。第二次世界大戦では，頻繁に起こった軍用機を中心とする航空機事故の防止が課題となった。これが発端となり，人間工学のすそ野が一気に広がった。

6　第1章　工学の研究とは何か

　たとえば航空機の高度計は三針表示計であったが，操縦士が高度を見誤ることが多く，それが原因の航空機事故が多々起こった。操縦士の錯誤を心理学者や工学者が分析し，やがて高度計は二針表示計が主流となった。結果的に航空機事故減少に大きくつながっていった。

　こうして，人間の能力に機械や作業環境などをフィットさせる研究に注目が集まりはじめた。第二次世界大戦後には，機械設計やシステム設計の学問にもすそ野がさらに広がり，人間工学は一気にアメリカでも成長した。1957年には，アメリカでThe Human Factors Society of America（アメリカ人間工学会）が設立され，生理学や心理学，工学全般，医学分野の研究者が一同に介し，人間と機器の接点（マンマシンインタフェース，Man-Machine Interface）に着目して学際的に研究が行なわれるようになった。「機器操作での人間の諸特性の理解」や「機器操作での安全，効率の向上，負担や疲労の軽減」を主要な目標として「機器や操作環境の人間の諸特性への適合を図ること」を目的として活動が進んだ。ここで"Human Factor"という用語が本格的に浸透し，これは人間や組織・機械・設備などで構成されるシステムが安全で経済的に動作・運用できるために考慮しなければならない人間サイドの要因として定義されている。アメリカでは，人間側により着目して快適さや使いやすさを議論するようになった。戦後すぐのアメリカでは，高度計のような航空機内の操縦機器，制御装置や表示装置，産業分野での作業効率などが研究対象とされた。しかしその後は，広範なシステムでの使いやすさ，快適さを高めるうえでの人間の問題分析が対象となり，今日では都市生活システムでのヒューマンファクターなど，広い領域で人間工学研究が行なわれている。

1.2.3　今日の工学と他の分野との融合

　こうして，ヨーロッパのErgonomicsの流れと，アメリカのHuman Factorの流れが合わさり，日本へ本格的に人間工学が入り込み，機器やシステム，サービスでの使いやすさや快適さが本格的に研究されるようになり，今日に至っている。日本では「人間工学」の言葉自体は田中寛一が1922年

に書籍の題名で使用した（これも労働環境が主軸で，疲労と能率に関する実験的研究の結果がおもな内容）。1956年のウエズレイ・E・ウドソンの翻訳書および倉田正一の1959年の書籍，坪内和夫の1961年の書籍で，現在の広範な人間工学の世界が国内にも紹介されるようになった。坪内和夫著『人間工学』（日刊工業新聞社）では，日本の人間工学の母体である学問分野として，①実験心理学，②医学・生理学，③作業研究，④環境工学，⑤制御工学，⑥インダストリアルデザインをあげている。おおむね，大学教員の私たちもこうした学問を意識し，融合させながら人間工学を日々教授している。日本人間工学会も1964年に発会しており，国内ではまだ50年ほどの歴史であるが，まさしくこうした分野を軸にした学際的分野こそ使いやすさや快適さを追究する人間工学であり，工学の本質である。上記の流れもふまえて，現代の工学は「生活者に肉迫して，抱えている問題やニーズに基づき公共の安全や健康，福祉（幸福）のために，有用な事物や快適な環境を構築することを目的とする学問」として大学教育で位置づけられ，人間中心設計が重視される。

　物やサービスの「使いやすさ」を研究するときに，自分が関心をもち解決しようとする研究テーマの周辺にどのような問題があり，どのような学問領域が関係するかを一度書いてみるとよい。**図1.4**は，筆者が高校3年生のころに，当時強い関心をもっていた「路線バスを使いやすくするためにはどのような問題および学問があるのか」を書き出したものである。じつはこれを整理しながら，筆者は慶應義塾大学湘南藤沢キャンパス（SFC）総合政策学部のAO入試を受験し，技術・制度・価値観の交差点で学問を融合させながら「高齢化社会や障がい者の増加で必ず必要性が高まる路線バスを使いやすくしていく方策を研究したい」と志望理由書に書き，合格した。こうしてみると，「使いやすくする」研究は，技術的知見を学ぶ工学的な要素，開発した技術をどのように普及させるのかを学ぶ財政や法律などの政策・制度的な要素，そしてその根底にあるわれわれ生活者の価値観や思想，心理などを学ぶ要素などが複雑に絡み合っていることがわかる。読者の皆さんも**図1.5**のようなワークシートを活かしつつ，ここに自分の関心のあるテーマと周辺にある問題や学問を書き出してほしい。

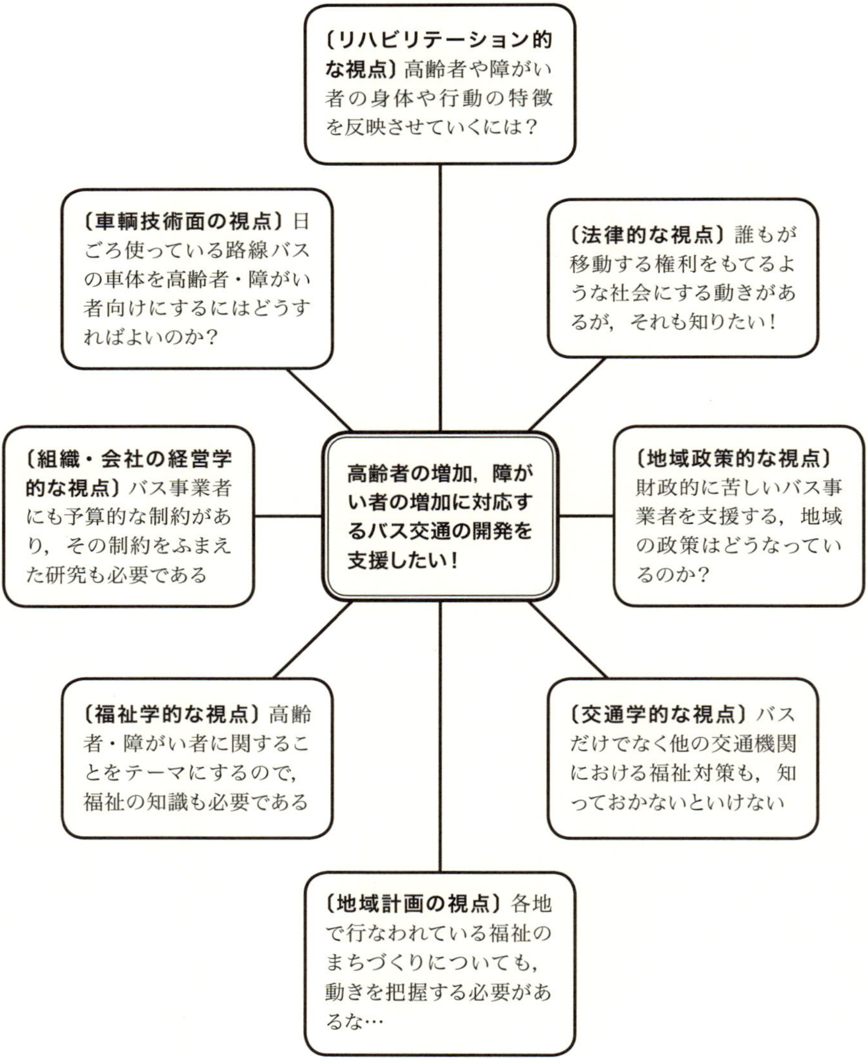

8   第1章　工学の研究とは何か

〔**リハビリテーション的な視点**〕高齢者や障がい者の身体や行動の特徴を反映させていくには？

〔**車輌技術面の視点**〕日ごろ使っている路線バスの車体を高齢者・障がい者向けにするにはどうすればよいのか？

〔**法律的な視点**〕誰もが移動する権利をもてるような社会にする動きがあるが，それも知りたい！

〔**組織・会社の経営学的な視点**〕バス事業者にも予算的な制約があり，その制約をふまえた研究も必要である

高齢者の増加，障がい者の増加に対応するバス交通の開発を支援したい！

〔**地域政策的な視点**〕財政的に苦しいバス事業者を支援する，地域の政策はどうなっているのか？

〔**福祉学的な視点**〕高齢者・障がい者に関することをテーマにするので，福祉の知識も必要である

〔**交通学的な視点**〕バスだけでなく他の交通機関における福祉対策も，知っておかないといけない

〔**地域計画の視点**〕各地で行なわれている福祉のまちづくりについても，動きを把握する必要があるな…

図1.4　整理することの効能

「使いやすさ」の研究では，こうして自分のテーマの周辺にある問題や学問的要素を書き出して整理することで，どのような学問融合的なアプローチが必要かわかってくる。

じっくりとこの作業を行なうことで，自分の使いやすさにかかわる研究が，いかにいろいろな学問が絡み合って，自然科学や社会科学，人文科学をバランスよく考えるべきかがわかってくる．ちなみに，研究テーマの周辺にある問題や学問的要素，すなわち，テーマの周辺＝環境にある情報こそが，近年学部にも名づけられることが多い「環境情報」の本質的意味である．環境情報というと，環境問題を情報技術の活用で解決する学問（例：地理情報システムなど）とせまい意味合いで誤解される場合が多い．しかし実態は上記のような定義が正しく（少なくとも筆者が研究を永らく行なってきた環境情報学部の祖である慶應義塾大学ではこうした定義を重視している），こうした環境情報を皆さんもぜひ自分の研究に応じ整理してほしい．

1.3　多様な工学分野と社会への貢献

図1.5のワークシートに自らの「使いやすさの研究テーマと周辺の問題や課題（環境情報）」を書き出すとわかるが，「使いやすさ」の研究では通常，

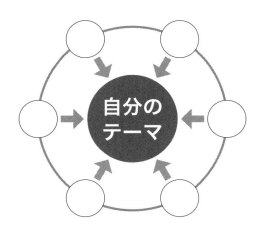

周囲の丸の中にテーマをとりまく学問を入れ，どの学問から，またはどの学問を結びつけながら研究するかを明確にする！

図1.5　ワークシートの例

「使いやすさ」の研究を始めるときに，自分のテーマと周辺にある問題や学問的な要素を書き出して整理してみよう．このワークシートで自分に必要な学問がわかるはず！

10　第1章　工学の研究とは何か

じつにいろいろな学問の領域が絡んでいることがわかる。文理を問わない，いろいろな学問が絡んでくる。たとえば，図1.4の筆者の研究領域（バスの車輌を誰にでも使いやすくする）であれば，「自動車の技術」「リハビリテーション工学」「交通計画学」「地域・都市計画学」などの工学や医学などの自然科学的分野（理系分野）もあれば，「法律学」「地域政策学」「福祉学」「経営学」などの社会科学・人文科学的分野（文系分野）も研究に必要となる。いわゆる「使いやすさ」を研究する人間工学やヒューマンインタフェースの分野に身を置いて研究すると，いかに一つの学問だけでは本質的な問題の解決に行き着かないかを痛感する。参考までに，筆者が学会の評議員を務めているヒューマンインタフェース学会では，年に1回のシンポジウム（研究成果の発表大会のようなもの）に**図1.6**のような発表カテゴリがある。これだけ見ても，いかに多様な分野が絡むかがわかる。

生理・心理，感覚・知覚・認知，感性・情動，ノンバーバル（＝言語によらないコミュニケーション）・マルチモーダル，身体的インタラクション，コミュニケーション支援，協調作業支援，設計支援，VR（仮想現実）・AR（拡張現実）・3D，入出力方式・入出力デバイス，モバイル・ウェアラブル，インタフェースデザイン，情報デザイン，デザイン一般，交通・運転者支援，ユーザ行動・ユーザモデル，ユーザビリティ・UD（ユニバーサルデザイン），AI（人工知能），医療・看護・健康・リハビリ，福祉・障がい者支援・高齢者支援，住まい・生活インタフェース，学習・教育支援，芸術・エンタテインメント，安全・安心，社会・サービス・コミュニティ，セキュリティ・プライバシー，ロボットエージェント，IoT

図1.6　いろいろな「使いやすさ」

「使いやすさ」の研究発表が年1回開催のヒューマンインタフェースシンポジウムで行なわれる。発表のカテゴリを見るだけでも，いろいろな学問が関係していることがわかる。

1.4 工学研究の現在と未来

目下,いろいろな分野で「使いやすさ」の研究が行なわれており,使いやすさを導くデザインや設計の手法,技術的な支援方法も研究の対象になっている。最近注目されているAI(人工知能)やIoT(Internet of Things, ものがインターネットの入口となり,ものがインターネットにつながっている状況。例として図1.7のようなamazon dashがある),VR(現物や実物でないが,機能としての本質が同じである酷似した環境をつくり出す技術)やAR(人が知覚する現実環境をコンピュータにより拡張する技術),ロボット,自動運転なども「使

図1.7　IoTの代表事例であるamazon dash

インターネット通信販売で注文する商品がなくなれば,ボタンを押すだけで届くようになっている。このボタンがインターネットの入口となる。こうしてインターネットとものがつながることでわれわれも生活がしやすくなる。

いやすさ」の研究に絡んできている。人が機械を操作することが従前の「使いやすさ」研究のベースにあったが，最近では人間が操作もしない「自動化」もキーワードになっており，自動運転はその代表的な事例である。人間が何もしないでも操作をしたときと同じ効果を得られることは「使いやすさ」の究極の形であり，図1.8〜図1.10のような自動化の技術を生活者のニーズに応じ適宜開発していくことが，これからのこの分野の重要な目標になるはずである。

図1.8 バスの運転席まわりの変化

車輌は永らくマニュアルミッションであったが，運転者の負担軽減を目的にオートマチック方式が1990年ごろから登場し，それを経て自動運転車の研究に至っている。

1.4 工学研究の現在と未来　13

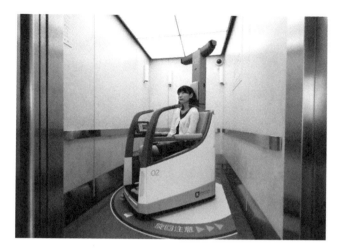

図1.9　筆者が開発の中心を担った病院内での移動を支援する自動運転車

病院の中の行きたい場所を指定すると，そこまで何もしないで連れて行ってくれる（2014年Good Design賞）。

図1.10　筆者が車体の開発に携わった屋外用の一人乗り用自動運転車（左）と自動物流車輌（右）

ハンドルの操作がないので，バスやタクシーがモータリゼーションで廃止されても，誰もが移動できる。また地方部での移動販売車輌がなくなっても，自動物流車輌がそれを代替できる。こうした自動で動くものは「使いやすさ」の研究の究極の形といえる。将来はこうした自動化（自働化ともいう）の技術開発と研究が今まで以上に進んでいくはずである。

14   第1章　工学の研究とは何か

　なお，「使いやすさ」の研究のこれからについては，筆者の以下の著書が参考になるのであわせて読んでいただきたい。専門書であるが大学生にもわかりやすいように書かれている。

1）西山敏樹：『交通サービスの革新と都市生活』，慶應義塾大学出版会，2017年9月
2）西山敏樹：『福祉技術と都市生活』，慶應義塾大学出版会，2017年4月
3）西山敏樹：『近未来の交通・物流と都市生活』，慶應義塾大学出版会，2016年3月

第 2 章
工学研究でわれわれが陥りやすいミスは何か？
──ミスをしないためのポイント──

　本章では，ふだん「使いやすさ」の研究で大学生や大学院生を指導する立場から，教育の実経験に基づき，各々の研究段階で陥りやすい問題や課題について述べていくことにする。

2.1　工学の研究テーマをどう決めるか？

　誰しも研究をするにあたっては，オリジナルのテーマをもつ。筆者は自宅の近くを走る車に関心をもつようになり，とくに両親が自家用車を運転しなかったので，ふだんから移動に用いる路線バスに関心が向くようになった。そして，中学生や高校生のときに学んだ高齢者・障がい者の増加を意識して，自家用車の増加で経営が厳しい路線バスを使いやすいものにしようと研究テーマを次第に明確にしつつ，慶應義塾大学へAO入試を経て進学していった。

　重要なことは，研究にオリジナリティが認められるかである。たとえば，筆者が東京都市大学都市生活学部で主宰する研究室は「ユニヴァーサルデザイン研究室」である。最近の学生で，車いすに関心をもって筆者の研究室に入ってきた大学3年生がいた。研究室に入ってきたときは，「下肢障がい者にとって使いやすい手動の車いすを設計して提案する」と話していた。ところが，そうした研究はじつにたくさんの蓄積があって，新しさが認められない。

　筆者は，その学生に「既存の研究論文の徹底調査」「車いすメーカーの担当者へのヒヤリング」「その道のオーソリティが集まる講演会や学会に出席しトレンドを把握する調査」の3点を命じた。そこから彼は，スポーツに参

16   第2章　工学研究でわれわれが陥りやすいミスは何か？

加したくても参加しにくい下肢障がい者の存在が多いことを導き出し，「下肢障がい者のためのスポーツ車いす」の研究例がいまだに少ないことを明らかにして，卒業研究の自分のテーマに決定して研究を進めることにした。

　大切なことは，「使いやすさ」の研究にはライバルが多いということである。筆者自身も指導教員によく言われたことである。「使いやすさ」はわれわれの生活に身近なところにあるから，関心をもつ人が少なからずいるからである。それだけに，研究の新規性と独創性を明確に自信をもって言えるように，筆者も指導を受けた。前記の「既存の研究論文の徹底調査」「車いすメーカーの担当者へのヒヤリング」「その道のオーソリティが集まる講演会や学会に出席しトレンドを把握する調査」は，筆者の研究室では必ず行なうよう指導している。

　既存の研究論文の徹底調査は，最も身近な方法は，大学や職場の図書館のデータベースにあたることである。論文データベースに関心のあるキーワードを入力すると，同じ領域の論文が多数出てくるのが通常である。この論文を読みながら，まだ開拓がなされてない分野を明確にする（**図2.1，図2.2**）。次に，「使いやすさを日々追究するメーカーへのヒヤリング」であるが，いちばんよいのはメーカーの広報部に連絡を入れて，ヒヤリングの主旨を伝えて直接訪問を行なうことである（**図2.3**）。ただし，広報部に連絡を直接入れることの敷居が高い場合もある。そうしたときは，東京ビッグサイトや幕張メッセのような大きな展示場で開催される近い分野の展示会に参加して，説明を行なうスタッフとコンタクトをとって交流を深め，ヒヤリングにつなげていく方法もある。たとえば，筆者のユニヴァーサルデザイン研究室では，毎秋東京ビッグサイトで開催される国際福祉機器展に全員が出席し，関心のあるメーカーとの交流を深めるようにしている。担当者と名刺交換をして，以後の調査などが行ないやすくなるように人的ネットワークを広げている（**図2.4**）。こうすることで，現場の流れを効果的かつ効率的に把握することができ，テーマの精緻化にもつなげられる。

　そして，重要なことが「その道のオーソリティが集まる講演会や学会に出席しトレンドを把握する調査」である。「使いやすさ」の研究は，関心をも

2.1 工学の研究テーマをどう決めるか？ 17

図2.1 東京都市大学の図書館のサイトから

テーマを絞り込んで精緻化していくうえでは，こうした図書館のデータベースで自分の関心エリアの新しさや独創性を検証していくことがまず必要となる。

18   第2章　工学研究でわれわれが陥りやすいミスは何か？

図2.2　図2.1からたどって出てくる国立国会図書館サーチ

国立国会図書館には，公刊の多くの本や論文だけでなく，全国の大学で授与された博士学位の論文もそろっていて便利である。

図2.3　ヒヤリング調査の例

関心のある領域の動向を探り，研究テーマを精緻化するために，メーカー（富士通株式会社）の担当者の皆さんに直接ヒヤリング調査を行なう石川直樹さん（筆者の研究室を卒業した）。

2.1 工学の研究テーマをどう決めるか？　　19

図2.4　国際福祉機器展での様子

筆者の研究室では，毎年秋に東京ビッグサイトで開催される国際福祉機器展に参加して，関心のある領域のメーカーの担当者と名刺交換をさせている。そして，ヒヤリングなどにつなげられるように人的ネットワークの拡充に努めている。こうすることで，現場の流れを効果的かつ効率的に把握することができて，研究テーマの精緻化にもつなげられる。国際福祉機器展は「使いやすさ」に関心のある人が多く参加する大きなイベントである。

つ人が多いうえに，われわれの生活と密着しているので進化も早い。ゆえに，オーソリティが講演する会や学会には，大きな関心が集まる。たとえば手前味噌であるが，筆者もユニバーサルデザインに関するトレンドを講演させていただく機会が増えている。高齢化社会や障がい者の増加，東京でのオリンピック開催が背景にあるが，専門家としては最新のユニバーサルデザインの

情報を知りたいと察し，最新の当該分野の動向を伝えようと努力する。つまり，オーソリティが講演する会や学会の基調講演（テーマについて俯瞰的に述べられる特別な講演）や教育講演（テーマに関連する最新のトレンドに関する情報を共有するための講演）には，自分が関心をもつ領域の最新情勢が詰まっているわけである（**図2.5**）。ゆえに，筆者もそうした基調講演や教育講演に学生を行かせ，研究テーマ決定の一助とさせている。基調講演や教育講演はあとで学会誌に記録が残ることも多く，それらを読みテーマを精緻化するのも効果的である。

こうして，「既存の研究論文の徹底調査」「メーカーの担当者へのヒヤリング」「その道のオーソリティが集まる講演会や学会に出席しトレンドを把握する調査」の3点を進めて，「使いやすさ」の研究に関するマイテーマを精緻化していくことを皆さんにもお奨めする。

図2.5　筆者の「買物環境のユニヴァーサルデザイン化」に関する講演の1コマ
こうした場に熱心な学部生や大学院生らが足を運び，自分の研究の一助にしていることがけっこう多い。

2.2 ∫ 工学の研究の計画をどう立てるか？

　研究のテーマが精緻化され決定したら，次は計画書を書くことになる。「使いやすさ」の研究では，次の流れで研究計画書を執筆するので，以下を基本書式にして書くとよい（図2.6）。

　　研究タイトル・学籍番号・氏名

1. はじめに
　　→研究テーマに至った個人的な経緯や社会的背景のダイジェストを織り交ぜる。
2. 研究の背景
　　→研究テーマの社会的背景にある環境情報についてデータに基づき説明する。
3. 研究の目的と目標
　　→社会をどう変えたいか（目的），今の自分が行なうべきこと（目標）の説明。
4. 研究の手法と内容
　　→研究で用いる手法を述べる(ここに使いやすさの研究の特徴が出る)。
5. 研究で期待される成果
　　→目標と矛盾しないことを意識して，行なう研究の成果を述べていく。
6. 研究のスケジュール
　　→上記の内容を実施し期待される成果の公表までの流れを整理する。
7. その他参考資料
　　→あるときだけでよい。研究の世界観が伝えるうえで必要となる情報など。
8. おわりに
　　→上記のまとめを行ないながら，多少の自分の抱負を交えて計画書を締めていく。
9. 謝辞
10. 参考文献リスト

図2.6　「使いやすさ」の研究の計画書の執筆フォーマット

　「研究の背景」については，客観的かつ冷静に，データに基づいて研究の周辺にある社会の状況を述べる。たとえば，東京オリンピックに向けた競技場のユニバーサルデザイン推進方策を研究しようとする場合，高齢者・障がい者の人口増加の状況，オリンピックのあとに開催されるパラリンピックへ

22 第2章 工学研究でわれわれが陥りやすいミスは何か？

の関心の高まり，既存の競技場の障壁除去の遅滞などをデータに基づいて淡々と述べることになる。そして，社会に残る問題や課題を明確に説明していく。

「研究の目的と目標」であるが，まず目的は究極のゴールとして，変えたい社会の最終的な像を一点に絞って書く。東京オリンピックに向けた競技場のユニバーサルデザイン推進方策を研究しようとする場合ならば，目的は「誰もが使いやすいユニバーサルデザイン型のスポーツ競技場が世界全体に広がり，誰もがスポーツを楽しめる世の中になること」の一点でよいのである。そして，目標は目的に近づくために，今の自分が研究で行なうことを書くのである。たとえば「東京オリンピックを見据えて，東京オリンピックで用いる国内の競技場とその周辺のバリアを整理して，国内競技場のユニバーサルデザイン化に向けた方策を研究する」という感じが現実的な目標となる。この目的と目標については，背景で述べたことに復習的にふれ，研究の社会的なニーズや新規性，独創性も説明する。事前に大学や職場などの図書館にある公的統計を調査しておくとよい。そうした公的統計の数字をあげながら，研究の社会的ニーズや新規性，独創性などについて淡々と述べるようにしていく。

「研究の手法と内容」が，「使いやすさ」の研究ではたいへん重要である。基本的に「使いやすさ」の研究は初歩レベルであれば**図2.7**の流れが一般的で，これが当該分野の特徴でもある。

基本的には，①生活者の「使いやすさ」に関するニーズの明確化を目指した調査，②明確化した生活者ニーズに基づく「使いやすさ」を改善する方策の検討と視覚化（デザインしてみる），③「使いやすさ」を改善する方策のデザインを具体的数値も交えながら詳細な設計図にする，④設計図から試作を行なう（製品研究の場合），またはCADなどで立体的イメージがつかめるようにする（空間研究の場合），⑤試作品や立体的なイメージがうまく動作するか（これを検証という）と生活者の目を入れた調査（これを評価という）の実施，⑥検証と評価の結果をまとめて，最初の試作品をさらに改善する，という流れが，大学の研究室で行なう学部生や大学院生の「使いやすさ」に関す

2.2 工学の研究の計画をどう立てるか？ 23

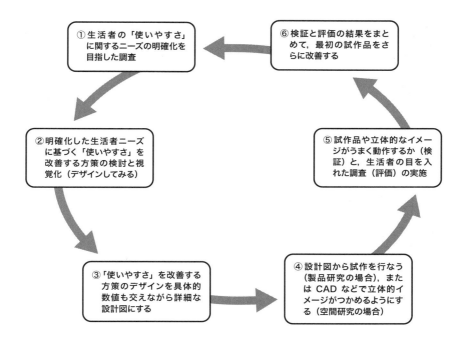

図2.7 「使いやすさ」の研究の特徴的な手法と流れ

る研究の標準的で特徴的な流れになる．図2.6の流れのうち，「研究の手法と内容」の部分に上記の①〜⑥を書き込んでいくことになる．

　上記の研究の手順がとても重要である．とりわけ重要なことは，ニーズに基づいて試作を行なうことである．これは，**図2.8**のような手づくりでもよく，それがうまく動くのか（検証）と，ユーザの試用と試作品への印象の把握（評価）を行なうことになる．①〜⑥の流れは，いわゆる，P（計画），D（実行），C（評価），A（改善行動）という流れにも似ている．こうした流れを大切にして「使いやすさ」を追究していくことが，当該分野のおもしろいところでもあり醍醐味でもある．

24　第2章　工学研究でわれわれが陥りやすいミスは何か？

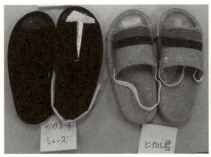

図2.8　試作品の検証と評価
「使いやすさ」の研究では，このように試作を行ない，それがうまく動作するか試験を行なうこと（検証）と，ユーザに使ってもらい印象を把握すること（評価）を進めるのが大切である。その結果を用いて，一次試作品を改善するところまでできると研究としてベターである。［目白大学西山里利准教授撮影］

　最近では，3Dプリンタを大学に置くケースも増えてきている。筆者が勤務する東京都市大学でも，学生が3Dプリンタを自由に使用することができる。3Dプリンタを用いれば3D（3次元）のデジタルデータ（設計データ）をもとに立体物を試作することができる。**図2.9**が3Dプリンタとアウトプットであり，われわれはより精緻な試作を行なえるようになっている。なお，研究そのものの手順を知りたい場合，詳細な研究計画の立て方などで迷った場合には，筆者が書いた次の本が参考になる。大学1年生でもわかる内容なのであわせてお読みいただきたい。

2.2 工学の研究の計画をどう立てるか？　25

図2.9　3Dプリンタの使用

筆者が勤務する東京都市大学では，「使いやすい」ものを試作できるように3Dプリンタを学部生や大学院生が自由に使えるように開放している。簡単なものから筆者の趣味である鉄道模型の車輌などまで，立体の設計データがあれば立体品としてアウトプットされる。近年では，ギプスや欠損歯の製作なども研究されており，医療現場への応用も期待されている。

1）西山敏樹：『大学1年生からの研究の始めかた』，慶應義塾大学出版会，2016年9月

26 第2章　工学研究でわれわれが陥りやすいミスは何か？

2.3 ユーザの意見をどう吸い上げるか？

　「使いやすさ」を考えるうえでは，「生活者が何に困り，生活者が何を欲しがっているのか」を明らかにしなくてはいけない。すなわち，試作の前に生活者へ肉迫しておく必要がある。

　調査には，定量的な調査と定性的な調査がある。定量的な調査は，データの量を重視したものである。質問紙や研究室のウェブサイトで有効回答の量を重視して，日ごろ生活者として困っていることや改善へのニーズを確認するものである。一方で，定性的な調査は，データの質を重視したものである。定量的な調査は，基本的に回答のしやすさや手間などを考え，やむなく選択肢式の質問が多くなる。これでは，有効回答者の内面（心理）や回答内容の背景にあるものにまで肉迫することがむずかしい。定性的な調査は，個人インタビューやグループインタビューを行ない対面の調査をベースとすることで，有効回答者の心理や経験（ユーザエクスペリエンスという），生き様に長時間かけて迫り明らかにするものである。

　あわせて，ていねいに観察する調査（通常観察調査），生活者の中に入り込み問題やニーズを明らかにする調査（参与観察）も定性的な調査の代表的存在であり，当該分野でよく使う方法である。

　いちばんよいのは，生活者の抱える問題やニーズを知るために，最初に質問紙やウェブで定量的な調査を行ない，そこで得られた知見をもとに試作へ向けて定性的な調査を行なって，生活者に肉迫しながら生活者側の問題点やニーズを明確化し，最終的に試作の精緻なデザインに向けて知見をさらに詳細にまとめることである。永年「使いやすさ」の研究を学会で見ていると，学部生や大学院生の場合，本段階の生活者への問題調査およびニーズ調査の手順をまちがっている，もしくは着実にできていない場合が多いことがわかる。「使いやすさ」の研究が自然科学主導であり，工学部や工学系大学院のカリキュラムでものづくりの方法が重視される反面，社会科学的な調査方法の講義が必要レベルまで重要視されていない状況が問題の背景にある。要は，同じ大学の学部生や大学院生に少数聞く，アルバイト先のスタッフに少数聞

2.3 ユーザの意見をどう吸い上げるか？　　27

くだけでは，当然，生活者の問題やニーズを明白にすることはできない．

可能なかぎり自分の周辺ではなく，自分からの距離が遠い人に調査を行なうことが肝要である．調査の方法のポイントは第4章で詳述するが，**図2.10**，**図2.11**のような感じで定量的な調査から定性的な調査へと進んでいけるよう，両者を併用できるようにすることが大切である．大学のカリキュラムもあるので，「使いやすさ」の研究に関係する調査法の知識については，事実上，自習する必要性も出てきている．これを問題意識として，社会調査法やデータ取得のポイントをまとめた本も以下のように筆者が出しているので，あわせて勉強していただきたい．

図2.10　自動運転患者搬送車輌の開発

筆者は，2014年に病院内での高齢者の移動支援を実現するために自動運転の患者搬送車輌を研究開発した．この車輌は，慶應義塾大学病院（信濃町）の医師・看護師・技師や事務員の問題やニーズを定量的に調査し，その結果に基づいて定性的なワークショップ型のインタビュー調査を行ない，車輌のコンセプトや試作のポイントを整理した．ワークショップのメンバーも医師・看護師・技師・事務員とメーカーにして，議論の質を高めた．

28   第2章　工学研究でわれわれが陥りやすいミスは何か？

図2.11　定量的な調査の例

筆者はかつて東名高速道路のサービスエリアやパーキングエリアでの問題点や改善のニーズを調査研究したことがある。その成果の一部は，新東名高速道路のサービスエリアおよびパーキングエリアでも活かされている。この研究でも定量的な調査を行なって，そのあとに高齢者やさまざまな種類の障がい者に同行してもらい，定性的な現地調査を行なった。現場に通じる「使いやすさ」を実現しようとすると，こういうていねいな事前調査がたいへん重要である。

---

1) 西山敏樹・鈴木亮子・大西幸周：『アカデミックスキルズ 実地調査法』，慶應義塾大学出版会，2015年9月
2) 西山敏樹・鈴木亮子・大西幸周：『アカデミックスキルズ データ収集・分析入門』，慶應義塾大学出版会，2013年7月

1) の本が初級編で大学1～2年生向け，2) が大学3～4年生や大学院生向けのレベルである。

2.4　ユーザの欲しいものをどう試作するか？

　生活者の抱える問題点や改善のニーズが明確になったら，次は試作品のコンセプトを整理していく（図2.12）。そして，ラフでかまわないので，試作すべきもののデザインを描く（図2.13）。

　その際，試作品のイメージがわかりやすいように，クレイモデル（粘土で立体的に試作品のデザインをつくる）をつくるとさらによい（図2.14）。試作品のデザインについては，案を複数つくることが大切である。この複数の案をつくっておくことが，多くの学部生・大学院生ができておらず問題であり，ここを教育していくことがわれわれ大学教員の課題でもある。試作品のデザ

2.4 ユーザの欲しいものをどう試作するか？ 29

図2.12 電気自動車の開発

筆者はかつて，慶應義塾大学で誰もが使いやすい電気自動車の研究開発に深く関与していた．電気自動車への生活者の期待をもとに，われわれのグループでは上記のようなコンセプトをまとめて，従来のエンジン車と異なる電気自動車の試作を進めた．生活者の思いやニーズを試作に向けてパワーポイント1～2枚程度にまとめておくと，周囲への説明などにも使えるので便利である．こういうコンセプトで画像の高性能な電気自動車が誕生している．

30　第2章　工学研究でわれわれが陥りやすいミスは何か？

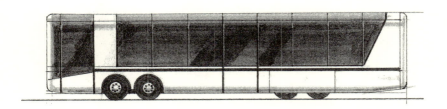

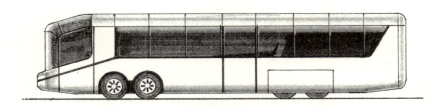

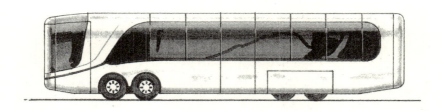

図2.13　デザイン案の例

筆者が電動でフルフラットの乗りやすい電動バスを研究していたときに，描いた3つのエクステリアデザイン案。都市生活シーンにあるようなデザイン案を描いた。デザイン案も3つ程度は描き，広い視野から試作品の像を検討することがよい成果につながる。

2.4 ユーザの欲しいものをどう試作するか？ 31

図2.14 使いやすさ（乗りやすさや運転のしやすさ）およびデザインを考慮した慶應義塾大学の電気自動車の試作前のデザイン検討クレイモデル

一見同じようにも見えるが，後部形状などが異なり，細かく見ると性格が異なる車になっている。こうして試作車のデザインの案を3つ程度に絞り込んでつくり，検討を進めながら最終の試作案を決めるのが通常である。

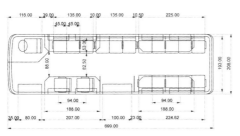
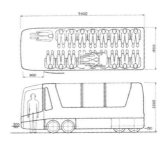

図2.15 ナノバスの設計図面

筆者が慶應義塾大学に勤務していたときに，中心的に実現を検討していた「ナノバス」（マイクロバスよりもコンパクトという意味を込めた名称）の設計図面。電動バスであれば現在のエンジン式バスの部品の1/3で製造でき，その空間的メリットを活かして使いやすい小型バスを目指したものである。上のデザインを軸に具体的な図面としたのが下の図である。

32   第2章　工学研究でわれわれが陥りやすいミスは何か？

インを一つに絞り込んでしまうと，「使いやすさ」という究極のゴールのク
オリティに影響を与える。われわれは日々ものを買って生活を送っているが，
ものをつくる企業のスタッフに聞くと，いかに多くの製品デザインを検討し，
最高の傑作がひとつ量産品に選ばれていることがわかる。学部生や大学院生
の研究であっても，試作品の候補として，使いやすそうなデザインの候補を
3つ程度，案出しておくことが肝要である。この習慣をつけておきたい。

　ただし，デザインはあくまでも試作品の完成イメージである。図2.13の
クレイモデルを見ると，自動車好きのみなさんは「カッコいい」「完成した
ら乗ってみたい」と思うはずである。しかし，あくまでも完成のイメージで
あり，次は詳細な設計図を書く。われわれのようなプロフェッショナルであ
れば，図2.15のような数値の入った専門的な設計図面を試作前に描く。こ
の数値もよく吟味して，「使いやすさ」を検討する。たとえば，図2.15の乗
客のように標準的な人の身体や各部位の寸法図があるので，こうした資料を
活かし，生活者に寄り添った設計図にすることを心がける。こうしたことが
大学の研究では見落としがちである。

2.5 　試作したものの動作をどのように見ていくのか？

　そして，設計図をもとに試作品をつくってみる。筆者は永年，自動車を中
心に比較的規模の大きい製品に携わってきたので，図の事例が大げさに見え
るかもしれないが，小規模の日常製品など，どのテーマでも研究の流れはま
ったく同様であるので安心してほしい。設計図を実際の試作品にしてみたら，
こんどはそれがしっかり期待どおりに動作するのかを確かめる。

　本プロセスを「検証」（Verification）と呼ぶ（図2.16）。この機器は筆者
が開発の中心的役割を担った屋内用自動運転車輌であるが，右側のように車
が自動で動くかどうかを試す段階が検証である。左側は人を実際に乗せて印
象を尋ねており，こうした人に使ってもらうことを「評価」（Validation）と
呼ぶ。まず，研究者が評価の前に検証を行なう。そして，動作に問題が見つ
かり次第これを修繕し，万全なものにする。ここで万全な動きと判断できた

2.6 試作したものをどのように採点するか？　　33

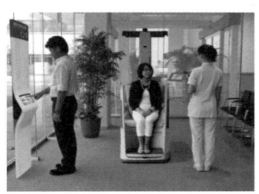
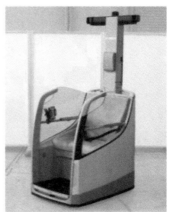

病院内移動支援システム運用イメージ　　　　　　　移動用ユニット

図2.16　自動運転機能付き屋内用一人乗り電動車

筆者が中心的に研究開発にかかわった。右のように誰も乗らずに自動運転をテストすることを「検証」といい，それが終わり次第，左側の「評価」に移る。評価の段階では，実際に被験者を集めて使ってもらいながら意見を得る。

ら，評価に進んでいく。なお，「検証と評価」を"Verification and Validation"，または頻繁に"V&V"と呼ぶことがあるので注意したい。

2.6　試作したものをどのように採点するか？

　評価の段階になると，前記してきているようにユーザに使ってもらい，意見を聞きつつ試作品の妥当性を評価する段階に移る。本書の大多数であろう大学の学部生や大学院生の学会発表を聞くと，ここにもう一つの大きな問題を確認できる。それは，総じて調査法のプログラムが弱い自然科学系の教育カリキュラムから派生する問題であるが，たとえば筆者が発表会場で質問をすると，「大学の中で学食にいた人に使ってもらった」「研究室の学生に使ってもらった」ということを平気で発表しており，しばしば愕然とする。それ

34　第2章　工学研究でわれわれが陥りやすいミスは何か？

で生活者全般にとって使いやすいものとはとても言いがたい．ここでも，前述したニーズ調査と同様に，自分からの距離が遠い人，基本的には学外や社外の一般人にできるだけ多く試用してもらい，評価を得ることが肝要である．たとえば，自然科学系の人は，社会科学系も学部としてある大学ならば，調査法を押さえている社会科学系の先生の知見を得に行くなどの努力も必要である．筆者も調査法の本を数冊出しているからか，工学部の学生諸君がときどき評価法の質問にわざわざ自分のところにやってくる．具体的な方法論は第4章で述べていくことにするが，**図2.17**のように一般生活者をサンプリン

図2.17　筆者が開発へ中心的に携わった電動フルフラットバス

電動フルフラットバスの使いやすさは，じつに380人の一般都市生活者をランダムサンプリングして，実際に乗車してもらって評価を実施した．

グしての評価をぜひ目指してほしい。

　なお，もう一つの重要な問題が，試用してくれる人の心身にダメージがないか，人の道に反して無理を強いていないか，一般常識（たとえばプライバシー保護）に反した調査をしていないかなど，つまり「倫理的配慮」を行なっているかが評価段階ではとりわけ慎重に問われる。この倫理的配慮については，次の第3章で詳しく述べることにする。

2.7　工学の研究ではどうまとめを行なうのか？

　最初の試作品の評価まで終わったら，その評価結果を試作品にフィードバックし，二次試作に入っていく。大学の研究では，学部生・大学院生ともおおむねこの二次試作のところで卒業論文や修士論文を書いて終わりとなる。むろん筆者のようなプロフェッショナルな研究者は，この試作 → 検証・評価 → 次の試作への反映と試作品改良という流れを絶えず繰り返している。

　ところで，一次試作品の評価まで終わったころには，学会での口頭発表やポスター発表なども考えてよい。厳格な査読付きの論文誌への登載を考えてもよい。ただし，発表の段階で許可を得ないまま研究協力者の顔を平気でプレゼンテーションのスライドに入れたり，研究協力者の所属先をプレゼンテーションで話してしまったり，研究協力者の住所がわかるような情報をプレゼンテーションで話してしまうなど倫理的に反したことを行ない，いささか学会などで問題になる場合もある（図2.18）。一連の研究での倫理的配慮は，研究協力者への最低限の礼儀である。こうした問題が起きないように，次の第3章はしっかりと読み込んでほしい。

2.8　本章のまとめ

　以上のように，本章では工学の「使いやすさ」の研究で，とくに大学の学部生や大学院生が陥りがちな問題点や課題を整理し，その対応の方向性まで実際の筆者の研究事例に基づいて紹介した。「使いやすさ」の研究は通常，

36　第2章　工学研究でわれわれが陥りやすいミスは何か？

図2.18　倫理的配慮の例
病院内で許可を得たとしても，発表時は顔がわからぬように工夫して，後ろ姿だけにとどめるのも倫理的配慮の一つである。こうした配慮も研究を行なう者には求められる。

分野が文系と理系を問わない学際的なものであり，しかも前記のように生活者へのニーズ調査から試作品の評価調査までやるべき内容も多い。
　注意が必要なことは，どうしても「使いやすさ」という生活者があっての研究領域であるため，研究協力者に対しても人の道に反した非常識な対応は許されない。つまり，倫理的な配慮ができていることが「使いやすさ」の研究をするうえでの最低条件となる。次の第3章でこの点について重点的に述べる。取っ付きにくい部分もあるが，ぜひ知識を吸収してほしい。

第3章
工学研究を行なううえでのルール
──人としての常識を守った研究を！──

　本章では，「使いやすさ」の研究をしていくうえで配慮すべきルール（多くの生活者を相手にするからこそ守るべきこと。専門的には倫理的配慮という）について，そのポイントを解説する。

3.1　人を相手にすることの大切さを知ろう！

　「使いやすさ」の追究の先にいるのは，多くの生活者である。究極的にいえば，全世界の人々といっても過言ではない。それゆえに，たとえば「使いやすさ」を向上させる試作品をつくりあげて試用してもらう際に怪我をさせてはいけないし，危険な思いもさせてはいけない。むろん，嫌がることを無理強いすることもやってはいけないことである。研究をする者は，研究に協力をする人々の立場に立ち，「こんなことをされたら不快かどうか」ということを考えながら研究の計画を立てなければいけない。筆者が勤務する東京都市大学では卒業研究を行なう学生にも研究倫理教育のe-learningを行なわせている（**図3.1**）。生活者を相手に「使いやすさ」の研究を行なう学生や大学院生も多く，こうした経験がたいへん役に立っている。

　筆者が前に勤務していた慶應義塾大学の医学部では，GCP（Good Clinical Practice in Clinical Research；臨床試験実施に関する基準）の基本について学べる，米国ミネソタ大学との共同制作による教材「GCP概説」（日本語・英語）の公開を開始しており，現在は各種大学が研究不正防止や適正な人的研究を行なう社会的責任から，研究倫理に力を入れている。

　「使いやすさ」の研究が，人の道，常識に反しないようにするための研究

第3章 工学研究を行なううえでのルール

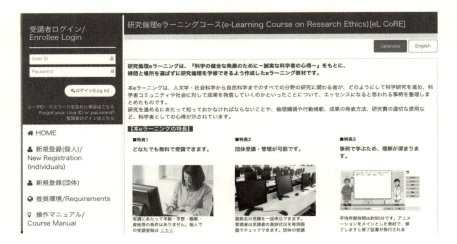

図3.1 日本学術振興会の研究倫理教育のe-learningシステム

こういうe-learningシステムを用いて研究倫理の基礎を学ぶとよい。多くは習得の状況を把握するためのミニテストも用意されており，自習すると効果も大きい。

倫理は，ナチスの人体実験の反省に遡る。そして，1964年にフィンランド・ヘルシンキで開催された世界医師会第18回総会で「ヘルシンキ宣言」（正式名称は「ヒトを対象とする医学研究の倫理的原則」）が採択された。これは世界医師会で採択されたものではあるが，医学や看護学に限らず，「使いやすさ」を考える人を対象にしたあらゆる研究のベースとなる宣言である。ヘルシンキ宣言には重要基本五大原則があり，「使いやすさ」の研究もこれを意識したい。

《ヘルシンキ宣言の基本五大原則》
（「使いやすさ」の研究で守るべき五大原則といっても過言ではない）

(1) 患者・被験者福利の尊重
(2) 本人の自発的・自由意思による参加

（3）インフォームド・コンセント取得の必要

（4）倫理審査委員会の存在

（5）常識的な医学研究であること

　この基本五大原則をきわめて端的に述べれば，「調査協力を行なう人の自由と意思を尊重して無理強いをせず，研究者は調査協力を行なう人との間で必ず合意を形成する。そして，第三者の目として所属機関の研究倫理審査委員会のチェックを受けて研究を実施すること」と整理できる。とにもかくにも，研究者の無理強いは避けるべきものであり，調査協力者の心身に無理を来さない研究方法を考えるべき，とする研究姿勢を身につけたいものである。

　現在，多くの大学が研究倫理審査の委員会を設けている。大学で研究を行なう場合，**図3.2**に示すような研究倫理審査申請書を委員会に提出して，人の道に反しない常識的な研究であるかどうかを審査してもらうと，あとあと安心である。要はお墨付きを第三者にもらうわけであるが，研究の実施から成果の公表まで倫理審査を受けているということで，調査協力者の信頼感も増すことができる。筆者も最近2年間で研究倫理審査委員を学内で担い，倫理審査の環境を整備してきた。図3.2は筆者が勤務する東京都市大学で用いられている倫理審査の申請書フォーマットである。「医学研究倫理審査申請書」となってはいるが，すなわち，人を相手にした「使いやすさ」の研究全般で適用が可能な汎用性の高いフォーマットである。

　学部生や大学院生でも，人を相手にした研究であれば研究の指導にあたる教員と相談し，倫理審査を受けるようにしたい。おもに「研究の課題名」「研究を行なう人」「研究の目的と概要」「研究の対象や関連資料入手の方法」「研究での科学的合理性や倫理的妥当性」を記述する。とくに「研究での科学的合理性と倫理的妥当性」が重要で，調査協力者に合意をどのように得るか，どのように人権と安全を得るのか，個人情報をどのように廃棄するかなどが重要な論点となるので，こうした点に十分配慮しながらまとめることが肝要である。

40　第3章　工学研究を行なううえでのルール

様式1

東京都市大学医学研究倫理審査申請書

平成　年　　月　　日提出

東京都市大学学長　殿

所　　属 ＿＿＿＿＿＿＿＿＿＿＿＿
職　　名 ＿＿＿＿＿＿＿＿＿＿＿＿
申 請 者 ＿＿＿＿＿＿＿＿＿＿印

※　受付番号 ＿＿＿＿＿＿＿

1　審査事項	研究計画

2　課題名（研究費の種類も記入）

3　研究組織

主任研究者名＿＿＿＿＿＿＿＿　所属＿＿＿＿＿＿＿＿　職名＿＿＿＿＿

共同研究者名＿＿＿＿＿＿＿＿　所属＿＿＿＿＿＿＿＿　職名＿＿＿＿＿

　　　氏名＿＿＿＿＿＿＿＿＿　所属＿＿＿＿＿＿＿＿　職名＿＿＿＿＿

4　研究の目的と概要

（他の施設との共同研究として実施する場合には、①本研究の研究全体についての審査か、都市大で実施する分担部分のみの審査かを明記するとともに、②都市大での分担部分のみについての審査の場合には研究全体の審査状況についても説明すること。）

注意事項：　1　審査事項欄は、該当部分を○で囲むこと。
　　　　　　2　審査対象となる研究計画書を3部添付すること。
　　　　　　3　申請書は、事務局（総務部管理課）に提出すること。
　　　　　　4　※印は、記入しないこと。
　　　　　　5　厚生労働省「医学研究倫理指針」を十分に参照すること。
　　　　　　6　必要であれば、被験者への研究説明書（添付資料1）、同意書（添付資料2）も
　　　　　　　添付すること

```
5  研究の対象及び資料入手などの方法（概略を記載し、詳細は別紙で説明すること。）



6  研究における科学的合理性と倫理的妥当性について
 （1）研究の対象となる個人に理解を求め了承を得る方法
    （説明文書あるいは同意文書を用いる場合には添付すること。同意を取得しない場合には、その理由を記
    載すること。）



 （2）研究の対象となる個人の人権の保護及び安全の確保
    （対象者に与える身体的あるいは精神的な侵襲について記載すること。個人情報漏えいなどの危険が最小
    となるよう講じる予防対策を記載すること。）



 （3）研究によって生ずるリスクと科学的な成果の総合的判断



 （4）  保存資料（試料等）の数、保存場所及び期間
   保存資料：
   保管場所：


 （5）保存資料（試料等）の廃棄方法及び匿名化の方法


7  研究期間
        平成   年   月   日から 平成   年   月    日
```

図3.2　筆者が勤務している東京都市大学の研究倫理審査申請書のフォーマット
学部生や大学院生の研究でも使えるもので，こうした配慮事項をうまくまとめられるようになりたい。

　通常は倫理審査申請書とともに研究の計画書を添付する。研究計画書は次ページの構成である。なお，研究計画書の書き方については，以下の拙著に詳述しているのであわせて読んでいただきたい。

1）西山敏樹：『大学1年生からの研究の始めかた』，慶應義塾大学出版会，2016年9月

42 第3章 工学研究を行なううえでのルール

《ポイント》倫理審査申請書には通常，以下の構成の研究計画書をつける

研究タイトル・学籍番号・氏名

1. はじめに

    →研究テーマに至った個人的な経緯や社会的背景のダイジェストを織り交ぜる。

2. 研究の背景

    →研究テーマの社会的背景にある環境情報についてデータに基づき説明する。

3. 研究の目的と目標

    →社会をどう変えたいか（目的），今の自分が行なうべきこと（目標）の説明。

4. 研究の手法と内容

    →研究で用いる手法を述べる（ここに使いやすさの研究の特徴が出る）。

5. 研究で期待される成果

    →目標と矛盾しないことを意識して，行なう研究の成果を述べていく。

6. 研究のスケジュール

    →上記の内容を実施し期待される成果の公表までの流れを整理する。

7. その他参考資料

    →あるときだけでよい。研究の世界観が伝えるうえで必要となる情報など。

8. おわりに

    →上記のまとめを行ないながら，多少の自分の抱負を交えて計画書を締めていく。

9. 謝辞

10. 参考文献リスト

　さらに，「調査協力者に対する研究内容説明書のサンプル」「調査協力者の同意書のサンプル」「調査協力者の同意撤回書のサンプル」もつける。これらについても，東京都市大学では通常のサンプルを用意してある。以上の3つの書類については**図3.3**にならい作成してほしい。とくにポイントとなるのが「調査協力者の同意撤回書のサンプル」をつくることである。これを学

3.1　人を相手にすることの大切さを知ろう！　　*43*

添付資料1

○○○に関する研究の説明書

患者さん（　　　　　　　）様へ

1　今回協力をお願いする研究の正式名称は、「○○○の研究」です。

　この研究は、○○○○の試用です。皆様の今後の○○○の改善に有効と考えられる試用です。

是非ともご協力ください。

2　実際の検査

　○○○の2階で試用を行うことになります。時間はお1人当たり、約1時間です。実際の試用は、

以下のように行います

　（具体的に検査の内容を書く）。

　試用の結果は、担当の○○から説明します。

3　費用について

　この研究に協力することで「余分に負担する金額」は一切ありません。

　（万一、負担が必要になる研究の場合は算出根拠を真摯に書く）

4　皆様での利点

　（具体的に書く）

5　皆様での不利益な点、不都合な点

　（具体的に書く）

6　事後の協力の有無

　（具体的に書く）

7　"研究協力の任意性と撤回の自由"について（以下はベース文）

　この検査に協力することは皆さまの自由な意思により行われるもので、強制するものではありませ

ん。また、協力に同意をいただいた後に協力することを断ることも自由です。

8　個人情報の保護について（以下はベース文）

　試用データは、大学で管理いたします。大学にデータを保存する時には、名前・年齢・住所などの

44   第3章 工学研究を行なううえでのルール

個人情報は計測データと別に管理し、情報の匿名化を行います。個人情報は研究室内でのみ管理し、外部に持ち出さないよう厳重に管理します。

10 研究終了後のデータ取扱について(以下はベース文)

研究終了後、氏名・住所等の個人情報は全て破棄いたします。計測データは氏名・住所を持たない計測データとして、今後の研究に使用させていただきたいと思います。

11 研究計画書の開示(以下はベース文)

この研究は東京都市大学倫理委員会の認証を受けたものです。研究計画書は東京都市大学に保管され、いつでもみることができます。

12 問い合わせ先

＊東京都市大学 都市生活学部 西山敏樹 〒158-8586 東京都世田谷区等々力8-9-18

電子メール：nishibus@tcu.ac.jp

別紙の同意書に署名の上、試用に同意されるようお願い申し上げます。

添付資料2

同 意 書

殿

殿

私は「○○○の研究」について、○○○○氏より説明を受け十分納得しましたので、本研究に参加することを同意いたします.

1. 試用に協力することを　　　　同意します　　　　同意しません

2. 研究終了後に性別, 年齢, 身長, 体重, 計測日 計測データをデータベースとして

   使用されることに

   　　　　　　　　　　　同意します　　　　　　同意しません

平成　　年　　月　　日

　　　　　　　　　　　　　　　　　　　　　ふ　り　が　な

　　　　　　　　　氏　名（自署）＿＿＿＿＿＿＿＿＿＿＿＿＿＿＿

　　　　　　　　　住　　　所　＿＿＿＿＿＿＿＿＿＿＿＿＿＿＿

添付資料3

同 意 撤 回 書

殿

殿

私は「○○○○の研究」について、研究に参加することを同意いたしましたが, 撤回いたします.

46   第3章　工学研究を行なううえでのルール

平成　　年　　月　　日

　　　　　　　　　　　　　　　　　　　　ふ り が な
　　　　　　　　　氏 名(自署)＿＿＿＿＿＿＿＿＿＿＿＿＿＿

　　　　　　　　　住　　所 ＿＿＿＿＿＿＿＿＿＿＿＿＿＿＿

図3.3　調査協力者に対する研究内容説明書の例

筆者が勤務している東京都市大学の「調査協力者に対する研究内容説明書サンプル」「調査協力者の同意書のサンプル」「調査協力者の同意撤回書のサンプル」。とくに調査協力の同意撤回書をつくることが忘れがちなので，これをしっかりつくり協力者の権利を確保する。

部生や大学院生は忘れがちである。たとえ調査協力に一度は同意し同意書にサインをしたとしても，身体の調子や各種影響も考慮し協力の同意を取り下げたくなる場合も想定できる。この同意撤回の権利を担保しておけば，調査協力者側も安心できる。

　同意撤回の権利がないと，何が何でも協力しないと，という強迫観念におそわれることもありうる。そういう心身への負担をなくすことも人の道に反しない研究を行なううえでたいへん重要である。皆さんも，調査に協力する立場であれば，そうした撤回の権利があったほうがよいと思うはずである。つねに調査に協力する人の立場になり，負担を減らすことが肝要である。

　研究内容の説明書では，おおむね次の12項目を盛り込むのが通常である。そして，これについて，調査協力書で同意のチェックをもらえるようにチェックボックスをつけておく。

《研究内容の説明書と調査協力書に盛り込むべき項目》

□ 1 研究目的

□ 2 研究協力の任意性と撤回の自由

□ 3 研究方法・研究協力事項

□ 4 研究協力者にもたらされる利益および不利益

□ 5 個人情報の保護

□ 6 研究終了後のデータ取扱いの方針

□ 7 研究計画書などの開示

□ 8 協力者への結果の開示・研究成果の公表

□ 9 研究から生じる知的財産権の帰属

□ 10 研究終了後の試料取扱いの方針

□ 11 費用負担に関する事項

□ 12 研究に関する問合せ先

3.2 どのような工学研究でのルールがあるのか？

こうした状況に対して，関連する学会でも「使いやすさ」をテーマにする人々を相手にした一連の研究の倫理的配慮を学会員の研究者が中心になり検討している。たとえば，筆者が評議員を務めるヒューマンインタフェース学会では，「ヒューマンインタフェース研究開発のための倫理指針（https://www.his.gr.jp/office/ethical_guidelines.html）」を公開している（**図3.4**）。これを見るとわかるが，「ヒューマンインタフェース」，すなわち物やサービスと人とのよりよい関係をつくりあげる研究を行なううえで，人として常識的な対応をどのようにとるべきか，その指針が書かれており，ぜひ一度，初心者の大学の学部生や大学院生にも読んでほしい。そして，研究の計画・実施・発表の一連の段階で意識するように心がけてほしい。

具体的に，研究倫理規程を設ける学会も出てきている。たとえば，日本心

ヒューマンインタフェース研究開発のための倫理指針

ヒューマンインタフェース学会

　特定非営利活動法人 ヒューマンインタフェース学会では，ヒトを対象としたヒューマンインタフェース研究開発が多く議論されている．ヒューマンインタフェース学会での円滑な議論を活性化するために，本倫理指針を策定し，ヒューマンインタフェース研究開発分野でのヒトを対象とする研究（ヒトを研究対象とする工学的，医学・生物学的，心理・行動学的研究で，臨床上の医療及び治療行為に関わる研究開発以外のものをいう．以下「研究開発」という．）について，特に倫理面から研究開発実 施者等が遵守することが望ましい事項を定める．研究開発実施者は，ヘルシンキ宣言（1964年世界医師会総会採択）の趣旨に沿った倫理的配慮のもと，次の各号に掲げる事項に留意する．

1.　目的

　この指針の目的は，企業，評価団体，研究機関，大学等の組織，あるいはそこに所属する研究開発実施者等が実施する研究開発において，研究対象者と製品開発のための実験・調査の対象者（以下，研究対象者と記す）および研究開発実施内容を倫理面から保護することにある．本指針は，この目的を達成するために，研究計画の立案，審査，研究の実施等において遵守すべき推奨事項や必要となる体制や責務等について定めるものである．

2. 研究開発実施者等が遵守すべき基本原則

2.1 科学技術的，倫理的妥当性の確保

研究開発実施者は，研究開発を計画，実施するにあたって次の事項を遵守する:

(1) 研究開発の内容は，社会的，科学技術的に十分認められ，かつ研究対象者の尊厳および人権を尊重するとともに，研究開発を行うことにより，研究対象者に不利益及び危険が生じないよう安全の確保に十分配慮する．

(2) 研究開発を計画，実施するにあたっては，科学技術的妥当性，倫理的妥当性に十分配慮しつつ，研究を適正に計画，実施するために必要な情報を事前に精査し，これらを反映させた明確かつ具体的な研究開発計画書を作成する．

(3) 研究対象者，研究開発実施者以外の一般人に影響する研究開発，公共の生活環境等に影響を及ぼすおそれのある研究開発を計画，実施する場合には，一般人の活動や生活環境等を阻害せぬよう十分に配慮する．

2.2 研究対象者の人権と個人情報の保護

研究開発にたずさわる者は，研究対象者が被るおそれのある不利益又は危険等について精査し，研究開発に参加することによって心身の問題や対人関係上の問題が研究対象者に生じないよう真摯に対処する．また，年齢，性別，人種，信条，社会的立場などの属性にかかわらず研究対象者の人権を尊重する．

研究対象者に係るデータや情報等を適切に取り扱い，その個人情報を保護する．研究開発を通して知り得た個人情報を正当な理由なく第三者に漏洩してはならない．研究開発実施者がその職を退いた後も同様とする．

50   第3章 工学研究を行なううえでのルール

2.3   インフォームド・コンセントの受領

研究開発を実施する場合には，事前に，研究対象者からインフォームド・コンセントを受けることを原則とする．研究対象者が被るおそれのある不利益又は危険等についての説明の内容，同意の確認方法その他のインフォームド・コンセントの手続に関する事項を研究開発計画書に記載する．説明を行う際には，研究開発に関して誤解が生じないように努め，研究対象者が自由意思で研究や製品開発のための実験・調査への参加を決定でき，また自由意思でこの参加を辞退できるよう配慮する．

2.4   成果の公表

研究の成果を公表する場合には，研究対象者の個人情報やプライバシー等の保護に必要な措置を講じておかなければならない．

観察を映像化する場合は，研究対象者の肖像権に配慮する．研究開発発表等で映像を使う際には，誰に対しどの場面を公開するかを研究対象者に示した上で諾否を得る．

2.5   倫理委員会等の承認

研究開発において，実験に参加する研究対象者が不利益又は危険等を被らないよう研究対象者の心身の安全に責任をもつ．視覚刺激や聴覚刺激のような感覚刺激の強度の設定等の実験条件，実験室等の物理的な環境が研究対象者へ与える身体的・精神的影響を十分考慮し，慎重に実験計画を立てる．また原則として，研究の実施に先立ち，自らが所属する組織および研究開発が行われる組織の倫理委員会あるいは遵法性に関して責任を担務する者等に，具体的な研究計画を示し承認を受ける．研究開発成果の発表の際には，組織の倫理委員

3.2　どのような工学研究でのルールがあるのか？　　*51*

会あるいは遵法性に関して責任を担務する者等の承認を受け
ていることを前提とする.

2.6　代諾者による同意

　　インフォームド・コンセントや観察の映像化の承諾等にお
いて，子供，障害や疾患を有する人，外国人など，認知・言
語能力上の問題や文化的背景の違いなどのために，通常の方
法の説明では理解を得られたと判断できない研究対象者の場
合は，適切な方法や手段で説明することに努め，それでも諾
否が確認できない場合や，本人の判断能力の有無が疑われる
場合には，保護者や後見人などの代諾者に文書で同意を得る.

2.7　指導の責務

　　大学その他の教育機関において学生等に対し研究の指導を
行う者や，企業において研究開発の統括を行う者は，上記2.1
から2.6 までに挙げる事項その他必要な事項を遵守して研究
を実施するよう，学生，研究開発補助者等を指導および監督
する.

2.8　改廃

　　本指針の改廃は理事会において定める.

　　　　　　　　　　　　　　　　　　　　　　　　　　　　以上

（この倫理規定の策定にあたり，一般社団法人日本人間工学会の許可を得て，
『人間工学研究のための倫理指針』を参考にさせていただきました）

図3.4　倫理指針の例

筆者が評議員を務めるヒューマンインタフェース学会のヒューマンインタフェース研究開発のため
の倫理指針。「使いやすさ」を考える研究ではたいへん参考になる指針である。

理学会は「使いやすさ」を考えるうえで重要な人の心理をテーマとした学会である。ここは倫理規程を公開しており（https://www.psych.or.jp/publication/rinri_kitei.html)、たいへん参考になる。心理学の研究者や実務家（認定心理士などの心理学関係の研究や職務に従事している人）のために作成されているが、規程としてある程度の適用範囲や汎用性をもつ。一般的な「使いやすさ」の研究でも通用する行動指針に仕上がっており、こうした規程もバイブルとしておきたい。

3.3 　工学の研究の世界でのルール設定の動向を知ろう！

「使いやすさの研究」には8つの倫理的配慮の論点がある。まず、この概要を理解したい。

3.3.1 　個人情報

調査で得られた個人情報をしっかりと保護することが大切である。年齢、性別、年収、持病の内容、生理特性などの情報を取得することがよくあるが、これが漏洩して、調査協力者が特定されないような配慮が必要である。調査後のデータ入力に用いるコンピュータをインターネットから切り離しておき、一切の情報漏洩に気を遣うことも大切である。また、研究のまとめで執筆する論文や学会発表でも、個人が特定されないように十分に配慮を行なう。

学生がおかしやすいミスとしては、論文や学会発表のPowerPointに調査風景や試作品を試用するところを載せようとすることである。むろん、多くの大学教員の常識的な対応で未然に防げているが、教員の注意を受けぬように本書読者にはあらかじめ注意してほしい（**図3.5**, **図3.6**)。

あわせて特定の病気の患者を対象にした場合のように、調査の種類や実施の場所をはじめ調査の内容から、やむなく個人が推定できることもありうる。個人が特定・推定できる場合には、論文の公表や学会での発表などで調査場所をA市、B町のようにアルファベットで代用することもある。研究の不正防止の観点で、調査の場所は明記すべきとする研究界の意見もある。しかし、

3.3 工学の研究の世界でのルール設定の動向を知ろう！　　53

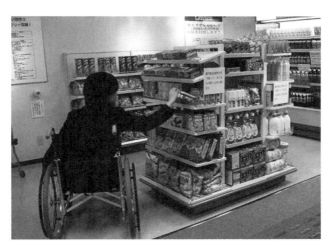

図3.5　調査の風景

研究不正防止の観点から，論文や学会発表のパワーポイントに掲載するのが望ましいが，個人が特定されないように顔が写らないよう後ろから撮る工夫もよく使う．

54　第3章　工学研究を行なううえでのルール

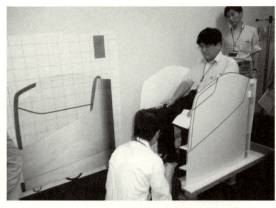

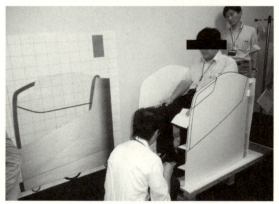

図3.6　画像処理の例

やむなく顔が写ってしまう場合，論文や学会発表で必要な画像は上のようにそのままにするのではなく，下の画像のように顔上部を黒で塗りつぶすことも重要である。

調査協力者のプライバシーの保護を何よりも優先することが通常である。

3.3.2　侵襲性と非侵襲性

近年では，知的障がい者の意思や選択の気持ちを知るうえで，脳波をとることがしばしばある。知的障がい者の意思や選択の気持ちが，通常のコミュニケーションで把握できなくても，脳波でわかるという仮説の研究がある。

この脳波をとる場合，身体に害を及ぼす可能性がゼロとはいえない。脳波の把握で電極などを脳に直接埋め込む場合には，身体と精神にダメージを及ぼすこともありうる。読者の皆さんも，そうした電極などの装置を埋め込むことを依頼されれば，身体や精神のダメージを考えて協力することが通常である。まさに調査協力者の身体と精神，心が侵され，襲われる可能性がある行為は，学問的にはすべて「侵襲性がある」という。侵襲性があるかどうかは，実際に研究者が協力者の立場となり，身体と精神，心にダメージがないかを事前に完全列挙して明らかにする。そして，調査に協力をする候補の人々にそのリスクをすべて説明し，合意を得て調査をすることが肝要である（図3.7）。まさにリスクをすべて知らせ，合意を得るインフォームド・コンセントの姿勢が大切である。

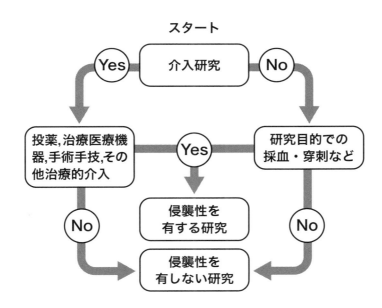

図3.7　チャートの使用例

医療技術を高めるための工学である「医用工学」では，このようなチャートで侵襲性があるかどうかを判断するのが通常である。関連学会でもおおむね本方式が採用されている（東京都市大学の人を対象にした研究の倫理審査の流れに基づき筆者が整理したもの）。

56   第3章　工学研究を行なううえでのルール

　一方，実験や調査で身体や精神，心のダメージがきわめて軽い，または無いものは「非侵襲的」な研究という。要は，調査に協力する方々の生体や精神を傷つけない研究と考えて差し支えない。埼玉大学の先端産業国際ラボラトリーでは，ウェアラブルで非侵襲性が保たれ，低コストな医療機器を調査協力者に身につけてもらい，そこからインターネット経由で生体情報データを集めて，人工知能（Artificial Intelligence；AI）の技法を援用して分析している。これにより生活者の健康状態管理や病気発病予測などができ，生活者のヘルスケア支援の方法論を研究している。それは図3.8のようなイメージである。生体情報のデータをとる機器類はウェアラブルで身につけるものだが，調査協力者の身体や精神にダメージはないことが推察できる。あわせ

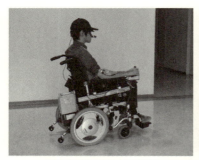
生体情報計測による車いすの知的制御

生体情報計測による健康状態モニタリングシステム

VR環境下における生活環境評価システム

運転環境下における非侵襲生体情報計測および安全運転支援システム

図3.8　非侵襲的アプローチの研究

［埼玉大学先端産業国際ラボラトリーの公式サイト（http://www.saitama-u.ac.jp/aiit/?page_id=420）より許諾を得て転載］

軽微な侵襲を超える侵襲	身体	・穿刺，切開，薬物投与，放射線照射のうち，軽微な侵襲に含まれないもの【例：投薬，CT・PET検査，腰椎穿刺】
	精神	・心的外傷に触れる質問（災害，事故，虐待，過去の重病や重症等の当人にとって思い起こしたくないつらい体験に関する質問） ・研究目的で意図的に緊張，不安等を与えるもの
軽微な侵襲	身体	・一般健康診断において行なわれる程度の採血や胸部単純X線撮影 ・造影剤を用いないMRI撮像（長時間の行動の制約を伴わない） ・上乗せの（少量の）穿刺・採血・組織切除
	精神	・【心的外傷に触れる質問により】精神的苦痛が生じると考えられるが，回答の自由が十分に担保されているような質問紙調査
侵襲なし	身体	・食品・栄養成分の摂取（食経験のあるもの） ・尿・便・喀痰，唾液・汗等の分泌物，抜け落ちた毛髪・体毛の採取・表面筋電図や心電図の測定，超音波画像の撮像（長時間のものを除く） ・短期間で回復するような運動負荷（文科省の新体力テストと同程度のもの）
	精神	・具体例なし【例：心的外傷に触れる質問を含まない質問紙調査】

・診療上の必要性があって実施される検査・投薬等は考慮しない（研究目的のもののみ）
・侵襲概念には「実際に生じるか不確定な危害の可能性（＝リスク）」は含まれない
・研究対象者の年齢や状態等も考慮する（例：16歳未満の未成年者）
・【　】内は作成者による補足

図3.9　研究での侵襲と非侵襲の関係性

［出典：田代志門：研究倫理指針はどう変わったか――基本概念から理解する「人を対象とする医学系研究に関する倫理指針」，産業医学ジャーナル，Vol.38，No.6，pp.4-8（2015）］

て少々むずかしいかもしれないが，侵襲と非侵襲の関係表もぜひとも一読されたい（**図3.9**）。

3.3.3　拘束と非拘束

　非侵襲性が担保されて，身体や精神にダメージが起こらないとしても，有線での計測やいすへの固定が研究協力の過程であれば，「身体的な拘束」「精神的な拘束」「時間的な拘束」という3つの拘束が残る。こうした拘束事項もくまなく整理し，インフォームド・コンセントを行なってから研究を進め

る必要がある．とくに身体的な拘束は十分考慮するが，近年は精神面の拘束や時間面の拘束まで熟慮するようになっており，研究の前によく考えておきたい．

　近年では，無線技術が普及し身体的拘束が大きく低減する場合も多い．しかし，それでも精神的な拘束，時間的な拘束が減っていくとは限らないので，並行的に考えていく必要がある．たとえば，筆者はＡ・Ｔコミュニケーションズ株式会社とQRコードに続く次世代型のカラーコード「ロゴQ」を研究開発している．現在，過疎化などによるスーパーマーケットの総体的な減少を問題として，これを解消するために「ロゴQ決済」というシステムを研究開発している．これは，**図3.10**のようなチラシさえあれば，買いたいもの

図3.10　カラーコード「ロゴQ」を活用した簡単買物システム

このチラシさえあればスマートフォンでロゴQを読み取るだけで，野菜の発注と決済が簡単にできる．買物難民となっている高齢者や障がい者，外国人，幼児の親などを支援できる有用なシステムである．

のロゴQをスマートフォン内蔵のQRコードリーダーで読み取り，表示される購入確認ボタンを押すだけで，発注と決済（クレジットカードの事前登録は一度必要）が終わり，買いたいものが指定時間に届くという「かんたん買物」を実現するシステムである。野菜の画像および個数が書かれたカラーコード「ロゴQ」があれば，日本語が苦手な外国人の買物支援につながる。

図3.11 ロゴQを使った買物支援実証実験の様子

上の模擬買物客は，野菜を定時までに発注する時間的拘束や精神的拘束がある。下の野菜農家は，発注された野菜を定時までに用意する時間的拘束や精神的拘束がある。研究に協力する過程では身体的拘束も多いが，増えているサービスの使いやすさの研究では時間・精神面での負担の考慮が必要である（両画像とも，本書のために特別に研究協力者の許可を得ている。下の画像は取材時のもの）。

60　　第3章　工学研究を行なううえでのルール

　まさに，買物分野での「使いやすさ」の研究である。本システムの実証実験を2017年10月10日から10月16日までの1週間，神奈川県の藤沢市内で実施した。模擬買物客は購入前日までにスマートフォンで買物したい商品・個数を示したロゴQをスマートフォンで読み取り発注を済ませておく必要がある。本研究で，身体的拘束はロゴQの記載された用紙を持つだけでほとんどゼロに等しいが，研究協力の1週間の時間的拘束とともに，定時までに発注を済ませる精神的な拘束も存在する。一方で，協力農家は発注された野菜類を翌朝までに用意して，それを通販用の車に積む必要がある。こちらも身体的拘束より時間的拘束や精神的拘束を負う。目に見える開発品の試用であれば身体的拘束が大きくなるときが多い。しかし近年では，情報技術，とくにIoT（Internet of Things；モノがインターネットに接続している社会，もののメディア化）や，AI（人工知能）の進展で，情報技術を伴ったサービスの使いやすさの研究が増えている。こうした流れで，身体的拘束よりも精神的・時間的な拘束を伴う調査協力が増えており，要注意である（**図3.11**）。

3.3.4　資金
　研究の協力を受けた人は，お金の負担がないかも気になる場合がある。たとえば，筆者のように次世代のモビリティを研究する者は，車輌を試作して実際の生活者に乗車してもらい，使いやすさを頻繁に評価する。とくに前述したような電動バスの場合は，通常のバス路線とまったく同じ経路で試走をしていたので，「運賃はこちらで支払うのでしょうか」という質問をよくもらったものである。通常，「使いやすさ」の研究では，試用品を使ってもらい，試用後に謝礼を渡す。洗剤などの試供品であれば協力も無料と想像がつくが，電動バスのように生活シーンにより密着した擬似行為で試用評価をお願いすると，たとえそれがお金の立替えであろうと，最初にお金が必要かと余計な心配を調査協力者にさせることが想定される。
　別の例では，インターネットベースの商品通販システムの評価調査でも，先に研究協力者のお金で支払ってもらい，後から謝礼と立替え金を研究協力者に渡すことが想定される。

3.3 工学の研究の世界でのルール設定の動向を知ろう！　　61

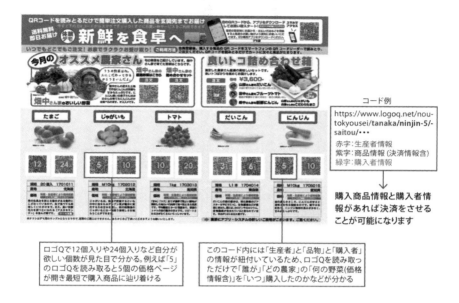

図3.12　筆者がA・Tコミュニケーションズ株式会社と共同研究・開発している買物支援システム

個人ごとのチラシを用意し，右の解説のとおり，カラーコード「ロゴQ」に生産者情報，商品の情報，決済関係の情報，購入者情報を格納しておき，チラシをもつ個人のスマートフォンで読み取ればセキュリティ的にも安全に発注と決済が簡単にできる。発注と決済の情報は，野菜の生産者や配達事業者にも告知可能である。こうした実験では一時的に立て替えなどの負担を研究協力者に求める場合もあり，事前の説明と合意が必要である。

図3.12のような筆者らが展開している決済方法の「使いやすさの研究」でも，事前に登録したクレジットカードから引き落としをされたり，携帯通話会社の電話代に商品の代金を上乗せして引き落としされたりすることもありえ，たとえ後で補填するとしても一時的に負担を強いる場合もある。こうした一連のサービスデザインの「使いやすさ」の研究では，一時的にお金をやむなく負担してもらうケースも生じる。一般に研究活動でもお金はトラブルのもとになりやすいので，たとえ後で補填をするにしても，しっかり研究

62   第3章 工学研究を行なううえでのルール

協力中のお金の負担について検討して，研究協力者にも説明して合意を得ることが肝要である。

　負担と同時に，研究協力者への謝金についても事前に説明しておく。あとで謝金額を提示すると，「これだけ協力したのに，謝礼はこれだけなのか」と不満をいわれるケースもよくある。そうしたトラブルにならないためにも，研究の協力者に渡す謝金額は，事前に告知しておいたほうがよい。おもに大学や研究機関では，研究協力でお願いする内容に応じた謝金額の相場を記した表を財務担当者がもっているので，そうした表にあらかじめあたるとよい。

3.3.5　行動観察や発話

　行動観察は，「使いやすさ」の研究で非常に重要なプロセスである。試作前の日常的行動の問題点調査，問題解決のための試作品の試用行動の調査などがある。いずれでも，研究に協力する人のプライバシーを守り，まずは協力者が特定されないように配慮する。後ろ姿だけ論文などの発表資料で掲載する場合，やむなく顔が映るときに個人特定をできなくするためにモザイクなどの処理を行なう場合などがある。また，どの行動シーンを観察してどの部分を発表するのかについても，事前に説明し合意を得る必要がある。さらに，動画で記録をとるのか，静止画で記録をとるのかもあらかじめ説明し合意を得ることが常識的である（図3.13）。

　発話を求める場合も行動観察と同様である。研究発表で発話状況を公表しなくてはならないときは，個人が特定されないように必要に応じて声をボイスチェンジャーで変えておく旨を事前告知して同意を得る。また，録音して残すのか，コンピュータで文字起こしをするだけで録音はしないのかなど，記録と発話内容の保存の方法も事前に告知して協力者の合意を得るようにする。録音を残す場合には，いつまで残すのかも事前に説明したほうがよい。こうした配慮を行なうことで，研究協力者も安心して調査に参加することができる（図3.14）。

3.3 工学の研究の世界でのルール設定の動向を知ろう！　　63

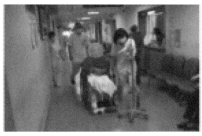

図3.13　行動観察で問題を見つけると，ニーズ志向のよりよい製品の開発につながる

ただし，どの状況を調査するのか，どのように記録して公表するかは，プライバシーにもかかわることなので慎重に検討して説明を行ない，研究協力者の合意を得る必要がある。

図3.14　自動運転車の試作開発例

図3.13の行動観察から，筆者は病院内の移動に資する自動運転車を試作開発することができた。緊急時には右のイメージのようにナースステーションと話せるようにしたが，病院内では緊急でトイレへ長時間行く人もおり，その部分にかかわる発話内容は記録をしないでほしいという人もいた。プライバシーの観点で，身体的特徴を人に知られたくない人も多数いた。こうした声については，研究者が，原則従うように配慮しなければならない。

64   第3章　工学研究を行なううえでのルール

3.3.6　感性評価

　画像や音を見聞きし，「全然心地よくない」「心地よくない」「どちらでも
ない」「心地よい」「とても心地よい」の5段階で評価するような調査に回答
したことがある人は少なからずいると思う。これを俗にSD法（Semantic
Differential Method）といい，「使いやすさ」の研究では，よく対象物品の
現状の評価や使いやすくした後の試作品の評価で用いる（**図3.15**）。SD法は，
「遅い／早い」「暗い／明るい」「軽い／重い」などの対立する形容詞の対を
用いて，感情的なイメージ，感性を5〜7段階程度の尺度を用いて判定する
方法である。ただし，手法の定義として5〜7段階と書かれている本が多い
が，日本人の無難を求める性格の特性から「どちらでもない」の回答が増え
ることも経験的に知られている。ゆえに，あえて「どちらでもない」を設け
ず，4〜6段階の偶数選択肢にしておくことも近年ではよく用いられている。
むろん，「遅い／早い」のような一対で評価する形の単純な感性評価もよく
行なう。

　こうした感性評価での倫理的配慮としては，調査協力者がより客観的で自
然に評価を行なえるような環境を整備することが重要である。とくに，試作
品をつくって評価する場合によい評価を得たいがために，誘導的にメリット
を強調しながら質問に答えさせているケースがある。研究を行なう立場では，
試作品を使ううえでのメリットとデメリットをしっかり整理し，周囲の人間
（研究室の教員や先輩，家族など）にも説明し，二重にも三重にもチェックを
して調査協力者に提示する姿勢が求められる。こうした努力をていねいに重
ねることで，倫理的で公正な評価が初めて可能となる。そして，試作品を評
価してもらうときには，調査協力者の前後や横にいることも避けたほうがよ
い。近くにいることは，調査協力者のプレッシャーとなり，見張られている
ような感覚からついよい評価に○をつけてしまう場合も想定される。ゆえに
回答をお願いしたら，終了の返事があるまで回答者から離れるような配慮も
必要である。

3.3 工学の研究の世界でのルール設定の動向を知ろう！　65

7. 今回，入口や出口周辺に敷いた新しい床材とご自分のくつとの相性について，これまでの路線バスの床材（乗車中のバス会社に限りません）と比べて，総体的にどのような印象をお持ちになりましたでしょうか．つぎからご自分の印象にあてはまるものを一つ選びカッコの中に○をつけて下さい．

(　　) a. これまでの床材に比べると，新しい床材の方が大変良い．
(　　) b. これまでの床材に比べると，新しい床材の方がやや良い．
(　　) c. これまでの床材と比べたが，両者は同水準のものである．
(　　) d. これまでの床材に比べると，従来の床材の方がやや良い．
(　　) e. これまでの床材に比べると，従来の床材の方が大変良い．

図3.15　試作品の評価を目的にした質問例

筆者はかつて石英石を用いた鉄道・バス車輌用の滑りにくい床材の研究をしていた。そのときの試作品の評価を目的にした質問である。SD法では，こうしたイメージで感性の評価を行なう。「どちらでもない」の曖昧な表現を避けて，偶数選択肢にする方法も増えている。

3.3.7 タスク実施

「使いやすさ」の研究では，実際に試用品を使ってタスクを実施してもらうこともありうる。たとえば，キーボードの改良に関する研究では，使いやすさを評価するために，一定時間内の文字入力速度を見る場合がある。こうして実際に試作品を使ってもらう場合には，万一のことを考え，想定される怪我や体調不良までしっかり説明し，万一の際の応急措置方法まで示して，合意を得てから使ってもらう。キーボードの場合は，大きな怪我や体調不良は想定しにくい。しかし，テニスラケットを改良するようなスポーツ工学のような分野であれば，プレーをしてもらうときに怪我をすることも十分想定され，事前に説明する必要もある。ドライビングシミュレーターの研究などでも，まれに気分が悪くなるケースがある。

図3.16は，筆者が慶應義塾大学で教員をしていたときに開発に携わった屋外用の一人乗り自動運転車の車体と三菱プレシジョン株式会社の走行シミュレーターである。自動運転車の乗り心地を評価するための装置である。走行シミュレーターでは，自分で操作しない分，閉鎖空間で擬似的に乗車したままとなり，慣れない空間で万一，気分が悪くなることも想定されうる。要は，普段と異なる新しい体験をすることは，若干の危険や体調異常につながりうるわけである。そうした起こりうる万一の怪我や体調不良についてもしっかり研究で考える。

また，感性評価と同様に，調査協力者がより客観的で自然に集中して評価を行なえるような環境を整備することが重要である。調査協力者の近くに立ち，結果がよくなるように特定の誘導をする（たとえば「こう使えばもっと使いやすくなりますよ」と言う），より良い試用評価を得ようとプレッシャーをかける（たとえばキーボードを早く使わせるために近くで無言の圧力をかける）などの行為は，通常の利活用とは異なる作業環境をつくりだすので，倫理的にはよくない。試用を行なううえでの環境づくりも，「使いやすさ」の研究では重要である。

3.3 工学の研究の世界でのルール設定の動向を知ろう！　　67

図3.16　筆者が中心的にかかわった屋外用一人乗り自動運転車の車体
　　　　およびドライビングシミュレーター

普段とちがう環境で何かを体験する場合は，日常と異なるために気分が悪くなることもある。そうしたことを事前に告知して，合意を得て試用を協力者にお願いする。

68   第3章　工学研究を行なううえでのルール

3.3.8　質問紙調査やインタビュー

　質問紙やインタビューについても，倫理的に問題がないかを検証する。近年，研究の不正が増えている。ゆえに，大学や調査を行なう企業から行政まで，おおむね次のような倫理規定項目のリストをつくることが増えている。調査前に倫理的問題が生じないか，調査担当者が全員で確認する。やみくもに調査者の論理を押しつけないよう，皆さんにも早い時期から倫理的配慮を忘れないようにしてほしい。あくまで調査協力者の立場で調査の一連の流れを考えることが大切である。調査回答者にも次の点で倫理的配慮を行なっている点を述べ合意を得る。

　最近では，大学・研究機関や行政・企業のなかにも，社会調査の倫理的規定，倫理的配慮ができている調査計画かを判定する委員会（いわゆる倫理委員会）を設けるケースが増えてきている。社会調査の計画をしたら，外部の視点でそれを評価してもらうことも重要である。

《参考資料》質問紙調査やインタビュー調査の倫理的配慮項目のリスト

（ア）サンプリング段階の倫理的配慮

・法令遵守：国や地方自治体等の法令を遵守する（たとえば，住民基本台帳などの閲覧で遵守）。

・調査対象者名簿の管理：住民基本台帳などの閲覧で作成した調査対象者名簿の厳重な管理。

・目的外使用禁止：サンプリングで得た個人情報の用途は当該社会調査以外に使用しない。

（イ）調査実施の依頼時の倫理的配慮

・調査の連絡と依頼：調査の前に対象者へ社会調査の実施の連絡および協力の依頼を行なう。

・目的，主体，連絡先の明示：調査者は必ず調査の目的と主体，その連

絡先を明確にする。

（ウ）調査の準備段階での倫理的配慮
・人権の尊重とプライバシー保護：調査対象者の人権を尊重し，プライバシーも守る。
・調査対象者名簿の管理：個人情報の紛失や内容の漏洩が生じないように管理を徹底する。
・調査員の研修と周知：調査員を用いる場合は研修と周知を行ない，調査手法の格差をなくす。

（エ）調査の実施段階での倫理的配慮
・匿名性の確保：回答者が特定されないように社会調査の実施段階でも十分な配慮を行なう。
・調査への合意取得：調査対象者に十分調査内容を説明し，同意に基づいて調査を実施する。
・調査対象者の不利益回避：調査対象者側が不快感を抱いたり，不利益を被ったりすることは回避する。
・調査対象者の中止の自由：調査対象者が調査を中止したいときはその意志に従うようにする。
・疑問への対応：調査者は対象者から寄せられる疑問や苦情などに対しても誠実に対応する。
・守秘義務：社会調査の実施過程で知りえた調査対象者に関連する情報すべてを守秘する。
・差別の禁止：対象者を性別，年齢，国籍，障がいなどの要因によって差別的に処遇しない。
・調査員の証明：全調査員に身分証明書を常時携行させ，求めがあれば身分を明らかにする。
・不正な記入の防止：調査員は調査票に不正な記入（いわゆるメイキング）を一切行なわない。

70　第3章　工学研究を行なううえでのルール

（オ）調査実施後での倫理的配慮
・調査票の管理：記入された調査票について研究代表者が厳重管理できる体制を整備する。
・個人情報の管理：調査票の個人を特定できる部分について厳重に管理する体制を整える。
・電子データの管理と匿名性確保：回答内容の電子データ化では，個人を特定できないようコード化する。インターネットとも切り離し，電子ファイルを研究代表者が責任をもち管理する。

（カ）結果公表時での倫理的配慮
・公表すべき事項：調査の題目，目的，主体，サンプリング方法，調査方法と時期，調査の具体的な内容，分析結果，結果考察，付属資料としての生データなどを公表内容に含める。
・ねつ造の禁止：調査データや結果などをねつ造せず，考察も複数人により客観的に実施する。
・差別の禁止：性別，年齢，国籍，障がいなどの要因によって差別的な結果表記を行なわない。

3.4 　3Dプリンタが当たり前になる時代のルールとは？

　近年では，前述のとおりで，3Dプリンタが個人の利用可能なレベルにまで汎用的になりつつある。簡単にいえば，データさえあれば立体的なものを誰もがつくれる社会がすぐ近くにある。そして，個人レベルのビジネス展開も活発化するはずである。この本の主題である「使いやすさ」の研究でも，試作品を個人レベルでつくれるうえで革新的な動きである。

　3Dプリントをするためには，まずプリントの元となる3Dモデルのデータ

（立体的イメージ）が必要である。CADのソフトウェアで立体的にモデリングを行なったり，対象物の立体イメージを3Dスキャンすることでデータを整えたりする。そして，つくった3Dデータをプリントすることで立体的な製造物がつくられる。ここで重要なことは「3Dプリンタによる製造にも著作権法が適用される」ということである。いわゆるデジタルファブリケーション社会（3Dプリンタなどを活用し，今まで工場で高いコストと長い時間をかけなければできなかった「ものづくり」が手軽にできるようになる社会。ファブリケーションは製造や組み立てという意味）になっても，従来の著作権法の議論が適用されることを意識していく必要がある。

図3.17　名古屋鉄道EL120の3Dキットを組み立てた状況
鉄道車輌の3Dデータを用意してプリントアウトすれば，鉄道模型の車体も手づくりできる。今までは模型製作会社が金型をつくり大量生産をしてきたが，これからは3Dデータをつくり個人が鉄道模型を流通させるビジネスも拡大するものと予想されている。しかし，元のデザインやカラーリングには著作権があり，知的財産関連の法に則ったファブリケーションが社会ルールとして重視されており，研究での利活用でも配慮が必要である。［レールクラフト阿波座（http://rc-awaza.com/）より許諾を得て転載］

72   第3章　工学研究を行なううえでのルール

　たとえば，筆者は鉄道模型が趣味であるが，鉄道車輌もデザイナーがおり，著作物にあたるという考えが普通である。3Dスキャナで実物を読み取り3Dモデルをつくる場合，鉄道車輌の実車をそのまま取り込むことになる。ゆえに，その3Dモデルは当該鉄道車輌の複製物にあたる。同様に，CADソフトウェアで当該鉄道車輌の3Dモデルをつくる場合でも，実物を忠実に再現した場合には複製物にあたる。さらに鉄道車輌の3Dデータをミニチュア（まさに鉄道模型）にしてプリントした製造物についても，鉄道車輌実物の複製物として考えられる（図3.17）。

　著作権者に無断で3Dスキャンや3Dプリンティングによる複製を行なうと，著作権侵害となる可能性が現行法上高い。鉄道車輌のようにカラーリングも特徴的な場合は，著作権保護の十分な対象範囲になる。製品の「使いやすさ」の研究を適法に行なううえで，試作品製作の過程で3Dプリントが必要になるケースが今後ますます増加するはずである。気をつけることは著作権者から著作物の利用許諾（ライセンス）を受けるか，いわゆる「私的複製」の権利制限にあたる方法の範囲で使用する必要がある。デジタル時代ならではの配慮が必要である。

3.5　　「使いやすさ」の研究で気をつけるべきポイントは？

　整理すると，使いやすさの研究の倫理的配慮としては以下の各点に注意する必要がある。

《参考資料》使いやすさの研究の倫理的配慮で注意すべき項目のまとめ

(読者の皆さんも研究を行なうにあたりチェックしてみてほしい)

□1　研究目的がしっかりしているか

□2　研究協力の任意性と撤回の自由が保証されているか

□3　研究方法・研究協力事項が明確であるか

□4 研究協力者にもたらされる利益および不利益が網羅的に整理され
　　ているか

□5 個人情報の保護が徹底しているか

□6 研究終了後のデータ取扱いの方針がしっかりしているか

□7 研究計画書などの開示体制が整っているか

□8 協力者への結果の開示・研究成果の公表をしっかり考慮しているか

□9 研究で生じる知的財産権の帰属や研究での知的財産関連法の遵守
　　を考慮しているか

□10 研究終了後の試作品取扱いの方針がしっかりしているか

□11 研究協力者の費用負担方法があいまいでないか

□12 研究実施者の問合せ先が明確であるか

第 **4** 章

工学の研究をどのように行なうか
──改めて基礎的な流れを押さえよう！──

　これまで述べた工学の「使いやすさ」の研究の倫理的配慮の遵守を前提として，本章では事例もあげて研究のポイントを解説する。筆者の研究の経験も基にして実践的説明を行なう。ここにあげた説明をなぞりながら，読者の皆さんも「使いやすさ」の追究を始めてほしい。

4.1 　工学の研究での一般的なパターンとは？

　「使いやすさ」の研究には一定の流れ，パターンがある。それは以下のとおりである（**図4.1**）。本章の以下では，この流れに沿って，研究の各プロセスで押さえるべきポイントについて説明していくこととする。

　基本的な研究姿勢は，「ニーズの重視」であることは押さえておきたい。かつての工学部の研究室では，「蓄積してきた技術の重視」という研究姿勢が支配する分野も多く存在した。しかし，その技術を活かして何かを試作して研究しても，生活者のニーズとミスマッチを起こすだけで，普及にはほど遠い研究がたくさん生じた。そうしたなかで1985年ごろに米国でロナルド・メイスがユニバーサルデザイン（誰もが使いやすいデザインをニーズベースで考える哲学）を提唱し，少しずつではあるが日本の国内にもその重要性が浸透するようになった。技術重視で，生活者にニーズや困っていることを調査する手法の教育も，理工系学部では永年手薄であったといわざるをえない。そこで，ユニバーサルデザインを重視する社会風潮になり，技術志向がニーズ志向にシフトするようになっている。高齢者や障がい者，子どもとその親，外国人などの存在も意識しながら，読者の皆さんも多様な生活者を意

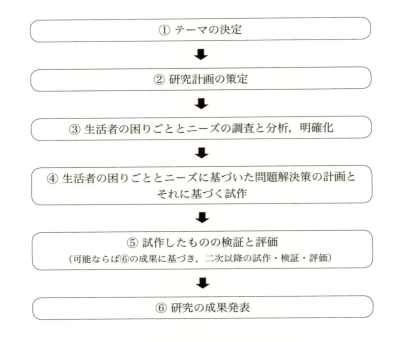

図4.1　工学的な「使いやすさ」の研究の基本フロー

識して，真に生活者が必要とする研究とは何かをつねに考える姿勢をもってもらいたい。

4.2　実際に工学の研究のテーマを決めてみよう！

　読者の皆さんにも，興味のあること，興味のあるものがあると思う。たとえば筆者は幼いころから電車や自動車が好きで，現在も研究のテーマにしている。筆者は，研究者の先輩たちから「研究をするならば，今の自分がやりたいことを重視しながらも，やりたいことと今の自分がやるべきこと，やっていることの3つが一致していることがハッピーなことだよ」とよく教えら

4.2 実際に工学の研究のテーマを決めてみよう！   77

（**中学・高校時代**）高齢者や障がい者が増え外国人も増えてくる日本での路線バスのバリアの調査を実施し，その調査の成果を中学生・高校生の立場からバスの専門誌へ頻繁に寄稿．

（**大学の学部時代**）上記のバス専門誌の成果などをアピールして，慶應義塾大学総合政策学部にAO入試で合格．高齢者や障がい者を対象に住宅地まで入って行くコミュニティバスの可能性や費用対効果，生活者が使いやすい車輌のデザインやサービスを卒業論文に整理．

（**大学院時代**）社会のバリアを無くしていくには多額の金がかかるのに，税収減少や自家用車普及による公共交通事業の衰退で施策がうまく進まない．これを大きな問題意識として，生活者側は移動環境のバリアフリー・ユニバーサルデザイン化にどの程度の税金や運賃の支払意思額（将来投資）を示すのかを生活者に計測し，その成果に基づいた合理的な環境の改善手法を修士論文や博士論文に整理．支払意思額の計測手法の成果が学会などで多数表彰される．

（**シンクタンクの研究員時代**）博士の学位を取得し，しばらくシンクタンクに勤務．もっと実践的なバリアフリー・ユニバーサルデザインの研究をしたくて，「高速道路の休憩施設のユニバーサルデザイン化の研究」（道路公団と），「無人駅を安全かつユニバーサルデザインにする研究」（JR東日本と），「階段や段差を乗り越えられ，高い棚にも手が届くように伸長する未来型車いすの研究」（ジョンソン＆ジョンソンと）などの共同研究を多数実施した．

78   第4章　工学の研究をどのように行なうか

(慶應義塾大学の教員時代)　着任後，電気自動車研究室の担当教員となり，「屋外用の一人乗り用自動運転機能付き電気自動車の研究開発」(文部科学省プロジェクト)，「電動かつ車内の段差がない電動低床フルフラットバス」(環境省プロジェクト)の開発中心メンバーとなる。その後，システムデザイン・マネジメント研究科および医学部に学内異動し，「病院用一人乗り自動運転機能付き電動車輌の研究開発」(豊田自動織機と)を開発，病院内で実証実験。

(現在の東京都市大学の教員として)　「都市」を看板にする国内では珍しい大学に異動して，都市生活の質的向上を図るうえで重要なユニバーサルデザインや福祉のまちづくりの手法を講義して，研究室を主宰。「QRコードをカラーにした視認性およびセキュリティ性の高いカラーコードをスマートフォンで読み取るだけで注文と決済が済ませられる買物支援システム」(A・Tコミュニケーションズと)を都市の買物難民向けに開発し，普及に努めている。あわせて，岐阜県の高山市とも協働して観光都市のユニバーサルデザイン化の共同研究も進めている。そうした活動をベースに，「都市研究の都市大」を社会でブランディングする文部科学省支援事業の「都市生活支援領域のリーダー教員」を務めながら，現在にいたる。

図4.2　筆者の研究者生活の自分史

こういう自分史を書いてみて，次に何をしたいのか，次に何をすべきなのか，次に実際に何をやっているのかを想像してテーマを決めるとよい。

れてきた。それを重視したのでハッピーな研究者生活を送れている。

　図4.2のとおりに筆者も自分の研究者としての歴史を改めて書き出してみたが、手前味噌ながらそのときどきの「やりたいこと」「やるべきこと」「(実際に) やっていること」は、おおむね一致させてやってくることができたと感じる。その柱となるのは、「自動車や電車が好き」という幼いときから続く好きなことへの気持ちであり、それを幹としていろいろな研究を枝のように広げて実施してきたわけである。読者の皆さんにも、自分が心から好きで興味があることをまず整理してみることをお勧めする (**表4.1**)。とくに工学的な研究、「使いやすさ」の研究は図4.1のように、生活者に肉迫し、問

表4.1　ワークシート「夢・志マップ」

どのようなことに関心をもち、取り組んできたか	現在の生活で、何に取り組んでいるのか	将来どうなっていたいか
過去を振り返りながら、いろいろ書き出す	今の自分の関心および何をやっているかを書き出す	将来どのような自分になっていたいかを書き出す

自分が情熱・愛情を注げて、自分が好きと誇れるジャンルを選別して、書き出す

80 第4章 工学の研究をどのように行なうか

題解決策の試作・検証・評価を実施するうえで，愉しい一方でそれなりの負担を伴う。ゆえに，愛情を永く注げるテーマがないと長続きしない。実際に，筆者がいろいろな学生の研究指導を行なった経験から，心から愛情を注げる大好きなテーマがある学生ほど，よい成果を残すといえる。自分は，まず心から愛情を注げる大好きなこと（趣味・アルバイトなど何でもよい）を，自分史を書かせながら日々学生に整理させている。

　その好きなことで，何が今問題になっているのか，どんな問題解決が必要なのか，を統計などの情報から調べ研究テーマを決定する。もちろん，研究には新規性が必要であり，過去の研究と同じことをしては意味がない。関心のある領域の先達が書いた研究論文を図書館などで読み込む「文献検討」のプロセスは不可欠である。文献検討を行ない，先達がどういう問題意識でどこまで研究を進めてきているかを知り，そのときどきの「やりたいこと」「やるべきこと」「（実際に）やっていること」が一致することを前提に，そのうえで「これがマイテーマだ！」といえるように決定する。あるいは，文献を執筆した先達にヒヤリングしてテーマを具体的に決定する方法もあり，指導教員に専門家を紹介してもらうのも一案である。

　おおむね工学系の研究では，自分が好きなジャンルでの，（ア）文献類の調査，（イ）統計類の調査，（ウ）聞き取り調査，（エ）生活者のモニタリング，（オ）インターネット上での生活者が抱える問題やニーズの調査，（カ）講演会やワークショップへ出席して領域の専門家から最新情報を得る調査，などを行ないながら，取り組みたい研究テーマを俯瞰的に決めることが大事である。

　以上が研究のマイテーマを決めるうえでの基本的な流れであるが，文系と理系を問わずに研究そのもののテーマの決め方をていねいかつ具体的に書いた次の拙著も参考にしてもらいたい。

1) 西山敏樹：『大学1年生からの研究の始めかた』，慶應義塾大学出版会，2016年9月

4.3 工学の研究の計画書を書いてみよう！

　工学系の研究では，おおむね次の構成で研究計画書を執筆する。これは，学部生・大学院生・社会人を問わない普遍的な構成であるので，ぜひとも今のうちに押さえておいてほしい。

《研究計画書の標準的な骨格：含めるべき10の項目》

① はじめに

② 研究の社会的背景

③ 研究の目的と目標

④ 研究の社会的意義

⑤ 研究の手法と内容

⑥ 研究のスケジューリング

⑦ 研究で期待される成果

⑧ その他参考資料（あるときだけでよい。研究の世界観が伝えるうえで必要となる情報など）

⑨ おわりに

⑩ 参考文献リスト

　「① **はじめに**」では，社会の風潮や自分のこれまでの興味や関心を織り交ぜながら，研究に着手する「心意気」を簡潔にまとめる。たとえば，筆者のように鉄道やバスなどの乗り物が好きな人であれば，「モータリゼーションに伴う自家用車の増加で衰退気味ではあるが地域にとっては重要な鉄道やバスなどの地域公共交通機関を活性化させるために，○○の研究をすることにした」（たとえば，○○は「鉄道やバスを利用してもらうきっかけとなる魅力的なスマートフォンのアプリケーション」のような文言が入る）と書いたりする。「はじめに」では主観的なことを多少は心意気として含めても問題はなく，

82   第4章　工学の研究をどのように行なうか

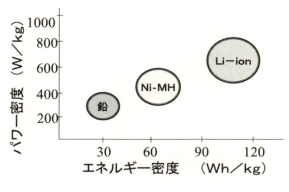

図4.3　図の例

鉛電池，ニッケル水素電池，リチウムイオン電池のパワー密度およびエネルギー密度の関係を表わした図の例。こうした図を基に，テーマの重要性を客観的・公平に説くようにする。

研究することの意思表示でよい。

　一方で，「② 研究の社会的背景」では，信頼性のある統計データなどを引用しながら，研究で取り組みたいことの周辺で行なっていることを淡々と客観的に説明する。たとえばリチウムイオン電池は，昨今スマートフォンやタブレットなどの日常的な情報機器から普及している電気自動車まで広く使われている。このリチウムイオン電池の充電密度（どれだけ一充電で電気を蓄えられるか）を高める研究であれば，他の電池と比べたときの充電密度の高さやその性能を伸ばす必要性を社会的背景として客観的・公平に説明することになる。具体的には，グラフや表を用いつつテーマとすることの背景にあることを淡々と説明する（図4.3）。

　「③ 研究の目的と目標」は，②の研究の社会的背景を受け，テーマのまわりで起こっている事象から導き出される研究へのニーズと自らが取り組むべきことを記す。なお，「目的」と「目標」は似ているようで意味がちがい，混同する向きも多い。事実，大学教員でも「目的」と「目標」のちがいを説明できない人が多い。「目的」は究極的に自分が目指す社会の像だけを書く。たとえば，公共交通システムを研究する筆者であれば，「高齢者や障がい者

が増える2050年を目処として，地球環境への負荷も小さいユニバーサルデザインとエコデザインが融合する公共交通システムが実現すること」に尽きる。これが究極のターゲット＝目的である。これに対して「目標」は，「目的に向かうために今の自分が行なうべきこと」を書くわけである。上記の目的の達成のために「電気自動車で運転操作のいらない自動運転式の小型電気自動車を開発する」ことは研究の「目標」である。「目的」＞「目標」であり，目的を書いたうえで今の自分がやるべきことについて「目標」としてまとめていくことになる。

「④ 研究の社会的意義」では，社会的に自分の研究を今行なうことの必要性の高さとその影響力の大きさを記述する。たとえば，上記の「自動運転方式の小型電気自動車」であれば，「運転の必要がないので人為的ミスによる交通事故を減らせる」「電気自動車なので地球環境にもよい」「自動運転でコンピュータ制御なので車間を安定的に保て交通渋滞の減少を期待できる」「小型車輌から普通乗用車，トラック，バスなどの他車種への自動運転化の展開が可能となる」というような社会への影響力の大きさ，インパクトをまとめるようにする。

「⑤ 研究の手法と内容」は，人を相手にした「使いやすさ」を意識した工学的な研究の場合，「生活者が抱える問題や改善ニーズの調査・分析」→「改善に向けた試作品の概念とデザイン・設計」→「試作と試作品の動作検証＆ユーザによる評価」→「改善知見の整理」の起承転結が普通となる。予算と時間がある場合は，二次試作とその動作検証・ユーザの評価を入れて，試作から評価を2回まわす場合もある。調査の場合は，質問紙などによる定量的調査か，インタビューなどの定性的調査なのかを明示する。データの分析については，どのような統計的手法を用いるのかを明示する。試作品の概念（いわゆるコンセプト）は生活者が抱える問題や改善ニーズに沿ってまとめることになるので，そのフローを手法としてまとめておく。試作についてはものづくりの方法と手順を書く。たとえば，3Dプリンタでの試作，手づくりでの試作などを書く。動作の検証とユーザ評価は5W1Hで整理しておくとよい。

84   第4章　工学の研究をどのように行なうか

「⑥ 研究のスケジューリング」は，文字どおり成果を出すまでの進め方を記すものである。ここでのポイントは，余裕をもってスケジュールを立てることである。筆者の大学院のときの指導教員（修士論文と博士論文の主査）であった有澤誠先生（当時，慶應義塾大学環境情報学部教授，現在名誉教授）は，研究室で大切にする姿勢として「早め，早め」を説いていた。有澤先生は日本のソフトウェア科学の第一人者であるが，ご自身の経験もふまえ研究には「まさか」や「うまくいかないこと」がつきもので，「早め，早め」に計画を立案して時間的な余裕（これをバッファという）をもつことが必要と日々指導していた。研究者，大学教員として何とか一本立ちした筆者も，これは身をもって体験している。とくに，試作して動作検証までは自分のペースでうまく進む場合が多いが，ユーザ評価はサンプリング自体に時間がかかり，ユーザの時間的都合で評価期間が伸びることもしばしばである。分野によるのは当然であるが，時間がかかりそうな部分で余裕をもたせることを重視してほしい。

「⑦ 研究で期待される成果」は，文字どおり自分の研究を行なって予想されるアウトプットについてまとめる。たとえば，前例にならえば「本研究をもって自動運転式の小型電気自動車の一次試作が終わり，その動作検証・ユーザ評価を経て二次試作以降の知見が期待される成果である」というイメージでまとめる。研究計画は，できるだけ教員ほかの他の人にもわかってもらえるようにすることが大切である。なぜなら，研究計画をもとに一定の研究の協力を仰ぐことも多いからである。たとえば，**図4.4**のように図や画像を入れるのも有効である。

「⑧ その他参考資料」は，あるときだけ付ければよいが，研究計画書をもとに研究協力を仰ぐこともあるので，それまでの関連する研究成果や実績をつけておくと効果的である。

「⑨ おわりに」は，①から⑧までを総括しながら，改めて研究を遂行する意気込みをまとめる。ここも個人の気持ちをさりげなく入れ，研究を行なう意思表示をしてよい場所である。同一分野で後に続く諸君へのメッセージも含めるとよい。

4.3 工学の研究の計画書を書いてみよう！　　85

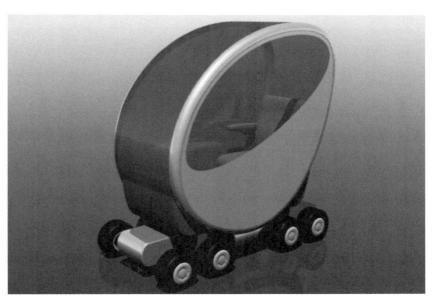

図4.4　自動運転式の小型電気自動車の試作イメージ(上)

研究計画書の期待される成果は，文章を書くことも大事だが，成果イメージを図で示すことも重要であり，ぜひ取り組みたい．筆者のようなプロフェッショナルになると，あらかじめ下のようなモックアップをつくることもある．とくに生活の質的向上につながる工学的なものづくりでは，立体的イメージを大切にしたい．

86　　第4章　工学の研究をどのように行なうか

　「⑩ **参考文献リスト**」は，きわめて大切である。計画書をもとに研究協力を仰ぐとして，仰がれる筆者としては（よく専門家からの試作品への評価がほしいと他大学の学部生や大学院生が協力を求めてくる），参考文献リストの有無やどれだけ有為な書物を読んでいるかを見ている。それが研究計画書のクオリティに直結するからである。参考文献リストを軽視する人が通常非常に多いが，計画のでき映え，質とかかわることを肝に銘じておいてほしい。

4.4 　生活者への調査を計画・実行してデータをまとめよう！

　人が「使いやすい」ものを生み出す工学研究では，生活者の困りごととニーズを確かに把握することが研究の第一歩である。その調査には，定量調査と定性調査がある。定量調査は，データの量を重視する調査であり，質問紙調査やインターネット経由のウェブ調査が代表的である。定性調査は，サンプル（有効回答）の量が少なくても，個人インタビューやグループインタビューなどで，手間ひまをかけつつ生活者へていねいに肉迫する調査のことをいう。

　基本的に，人が「使いやすい」ものを生み出す研究では，定量的な調査で生活者が抱く問題やニーズの傾向を一次的に把握し，その大まかな傾向を掘り下げて問題解決の方向性を確かにするために定性的な調査を行なう。筆者は，勤務する東京都市大学都市生活学部でマーケティングリサーチ演習の（1）と（2）を担当しているが，（1）の定量調査をマスターした後に（2）の定性調査をマスターする流れで，問題やニーズの調査の流れを学生諸君に理解してもらっている。まず，「定量調査 → 定性調査」という流れをぜひ皆さんにも熟知してほしい。

　前述の筆者らによる病院内用の自動運転による移動支援システムであるが，以下の流れで試作の概念を整理した。これは試作物の規模に関係なくほぼ同様なので，ぜひ覚えてほしい。このプロセスで前述した研究の倫理を守ることが大切であり，ぜひ実践に移してもらいたい。

4.4 生活者への調査を計画・実行してデータをまとめよう！　　87

《参考資料》病院内用の自動運転による移動支援システムを試作した際のニーズ・問題点の調査の実際および質問票

〔手順1：定量調査〕病院のスタッフである医師・看護師・検査技師・事務員の患者搬送関係のニーズや問題点の質問紙調査（図4.5）

〔手順2：定性調査〕手順1で把握した調査の結果に基づき，医師・看護師・検査技師・事務員へのグループインタビューと研究者，企業も含めたワークショップ（図4.6）

当事者の抱える問題点や改善ニーズの深化と明確化

　なお，定量的調査や定性的調査の具体的な方法は，以下の拙著が詳しいのであわせて読んでほしい。ものづくりだけでなく，サービスデザインの研究などにも有用な書である。

1) 西山敏樹・鈴木亮子・大西幸周：『アカデミックスキルズ 実地調査法』，慶應義塾大学出版会，2015年9月
2) 西山敏樹・鈴木亮子・大西幸周：『アカデミックスキルズ データ収集・分析入門』，慶應義塾大学出版会，2013年7月

88   第4章　工学の研究をどのように行なうか

病院内での「人の搬送・物品運搬・物品管理場面」での改善ニーズの調査

2012 年 11 月
実施責任者
医学部精神・神経科学教室
教授：三村 將

　院内では，業務効率化や労働負担軽減の実現のために，「人を運ぶ」，「物を運ぶ」，「自ら
が移動する」，「物を保管・整理する」という人や物品の流れの改善が，今後の課題として
挙げられています．我々は，院内の人や物品の流れをより良くする為の技術を持ち，医療
従事者のニーズにあった試作品の開発を目指しています．そこで今回，上記 4 つのシーン
で，院内の人や物品の流れをより良くする為の技術ニーズを皆様にお聞きします．忌憚の
ない御意見をお書き頂ければ幸いです．御質問等があれば下記連絡先までお願い致します．

実務担当：西山敏樹（医学部・大学院システムデザイン・マネジメント研究科特任准教授）
塾内内線：38015　携帯電話：090-6311-0966　E-mail bus@sdm.keio.ac.jp

　それでは，設問に入ります．御協力をよろしくお願い致します．

設問 1. まず，日々の「患者さんを運ぶ作業」についてお尋ねします．

　（1）患者さんを運ぶ作業は 1 日何回くらいありますか？あてはまるものに〇を付けて下さ
い．
ア）1 回以下　　　　イ）2〜5 回　　　　ウ）5〜9 回　　　　エ）10 回以上

　（2）日常業務で患者さんを運ぶ際，どこからどこへ運ぶ場合が一番多いですか．
私は日々，（　　　　　　　　　　　）から（　　　　　　　　　　　　）へ運ぶことが一番
多い．

　（3）（2）で回答した一番多く患者さんを運ぶときに，どのように運んでいますか．あては
まるものに〇を付けて下さい．
ア）ベッドにのせて　イ）車いすを押して　ウ）複数のスタッフで持ちかかえて
エ）その他の方法（具体的に御記入下さい→　　　　　　　　　　　　　　　　　　　　）

　（4）（2）で回答した一番多く患者さんを運ぶときに，平均でどのくらいの時間がかかりま
すか．

4.4　生活者への調査を計画・実行してデータをまとめよう！　　89

平均で（　　　　　　　　　）分くらいかかる.

(5)(2)で回答した一番多く患者さんを運ぶときに，不便に思うことを御自由にお書き下さい.

(6)自分や院内のスタッフが行う「患者さんを運ぶ」シーンで，「こんな製品があればいいな」というアイディアについて，御自由に以下の枠内へ御記入下さい.
※回答は，文章でも良いですし，イラストを使って頂くことも歓迎致します.

設問 2. 次に，日々の「物品を運ぶ作業」についてお尋ねします. なお，以下この設問 2. では，「自分には重いと感じる物品」を運ぶ場合についてお聞きします（カルテ 5 枚，聴診器 1 つ，注射器 2 本のような軽い物品を運ぶ場合は，次の設問 3. でお答えください）.

(1)物品を運ぶ作業は 1 日何回くらいありますか？あてはまるものに〇を付けて下さい.
ア）1 回以下　　　イ）2〜5 回　　　ウ）5〜9 回　　　エ）10 回以上

(2)日常業務で物品を運ぶ際，何をどこからどこへ運ぶ場合が一番多いですか.
私は日々，（　　　　　　　　　　　　）を（　　　　　　　　　　　　　　）から
（　　　　　　　　　　　　）へ運ぶことが一番多い.

(3)(2)で回答した一番多く物品を運ぶときに，どのように運んでいますか. あてはまるものに〇を付けて下さい.
ア）ワゴンにのせて　イ）段ボールをかかえて　ウ）複数のスタッフで持ちかかえて
エ）その他の方法（具体的に御記入下さい→　　　　　　　　　　　　　　　　　　　）

(4)(2)で回答した一番多く物品を運ぶときに，平均でどのくらいの時間がかかりますか.
平均で（　　　　　　　　　）分くらいかかる.

90 第4章 工学の研究をどのように行なうか

(5)(2)で回答した一番多く物品を運ぶときに, 不便に思うことを御自由にお書き下さい.

（6）自分や院内のスタッフが行う「物品を運ぶ」シーンで,「こんな製品があればいいな」というアイディアについて, 御自由に以下の枠内へ御記入下さい.

※回答は, 文章でも良いですし, イラストを使って頂くことも歓迎致します.

設問3. さらに, 日々「業務で自らが移動する場面」についてお尋ねします（以下**設問3では, 今までお尋ねしました業務で患者さんや自分には重い物品を運ぶ時の移動は除きます. トイレや食事等の私用での移動も除きます**）.

（1）自分自身, 上記のような院内での移動は1日に何回くらいありますか？あてはまるものに○を付けて下さい.

ア）1回以下　　　イ）2〜5回　　　ウ）5〜9回　　　エ）10回以上

（2）日常業務で上記の様な院内を移動する際, どこからどこへ移動する時が一番多いですか.

私は日々,（　　　　　　　　　）から（　　　　　　　　　　　）へ移動することが一番多い. その際に,（　　　　　　　　　　）を持っていることが多い.

（3）（2）で回答した一番多く院内で自分が移動する際に, どのように移動していますか. あてはまるものに○を付けて下さい.

ア）徒歩のみ　イ）徒歩とエレベータで　ウ）徒歩と階段で
エ）その他の方法（具体的に御記入下さい→　　　　　　　　　　　　　　　）

（4）（2）で回答した一番多く院内で自分が移動する際に, 平均でどのくらい時間がかかりますか.

平均で（　　　　　　　　）分くらいかかる.

（5）（2）で回答した一番多く自らが移動する際に, 不便に思うことを御自由にお書き下さい.

4.4　生活者への調査を計画・実行してデータをまとめよう！　　*91*

　（6）自分や院内のスタッフが「自ら移動する」シーン（これまでお尋ねした業務で患者さんや自分が重く感じる物品を運ぶ時の移動，トイレや食事等の私用の移動は除きます）で，「こんな製品があればいいな」というアイディアについて，御自由に以下の枠内へ御記入下さい.

※回答は，文章でも良いですし，イラストを使って頂くことも歓迎致します.

設問4.医療用の物品の保管についてお尋ね致します.

　（1）日々，院内のどこで，どのような物品の保管にあたっていますか.枠内で御説明下さい.

　（2）日々とり扱う物品の保管や取り出し時に，「不便だと思うこと」を枠内で御説明下さい.

　（3）院内で，日々「物を保管・整理する」際の問題を解決するために，「こんな製品があればいいな」というアイディアについて，御自由に次の枠内へ御記入下さい.

※回答は，文章でも良いですし，イラストを使って頂くことも歓迎致します.

92   第4章　工学の研究をどのように行なうか

設問5. 最後に，上記で回答した4つの業務改善に向けたアイディアのどの業務プロセスで
の改善を強く望みますか. 1番目に改善してほしいことから4番目に改善してほしいことま
で，順番に，希望の順位を（　　　）の中に数字でご記入ください.

A「人を運ぶ」　　　　　（　　　　）
B「物を運ぶ」　　　　　（　　　　）
C「自らが移動する」　　（　　　　）
D「物を保管・整理する」（　　　　）

・また，上記で1番改善してほしい業務プロセスを選んだ理由を枠の中で御説明下さい.

・その他，上記の質問に関わらず「人を運ぶ」，「物を運ぶ」，「自らが移動する」，「物を保
管・整理する」という話題について，気づいたことや周囲に知ってほしいことがある場合
は，以下の枠内で御自由に御記入ください.

※以下，皆様のご所属等についてお聞き致しますので，御回答ください.
・所属部署または診療科名（　　　　　　　　）
・職種（　　　　　　　）
・性別（　　　　　　　）
・年齢（　　　　　　　）
・仕事による身体の不調（例：腰痛，肩こり，足の痛み等）　　（　　　　　　　　　）

　なお，我々はもう少し本調査に関連するニーズを把握するために，医療従事者が意見の
交換をしながら開発すべき「人や物の流れを改善する製品」の像を2時間程度で議論する
ワークショップを後日開催致します. もしよろしければ，御参加を希望される方にはE-mail
で御案内を致しますので，御関心のある方はE-mailアドレスも御記入下さい.
E-mail　アドレス　（　　　　　　＠　　　　　　　　　）

　今回の調査は以上でございます. 御協力頂きまして誠に有難うございました.

図4.5　「院内ニーズ調査」質問紙

図4.6　インタビューの例
電動の低床フルフラットバスを試作したときは，全国のバス事業者をまわり，困りごとやニーズをグループインタビューから明らかにして試作を行なった（左手奥の聞き手が筆者）。

4.5　生活者の声を大切にした試作品をつくろう！

　生活者などへの調査で，解決するべき問題やニーズが把握・整理できたら，次にいよいよ試作となる。試作は，研究テーマによっていろいろな方法があり，適切なものを選択すればよい。

　たとえば，筆者が都市大で主宰するユニヴァーサルデザイン研究室でも，多様なケースがある。卒業論文を例にとれば，洗剤の容器の改善のために一般的な市販の容器を改造する例，誰もが着やすい洋服を追究するために自ら裁縫を行なう例，ユニバーサルなイスの研究を行なうために市販のイスのキットを改造して試作する例など，いろいろなパターンがある。東京オリンピックやパラリンピックを対象にした新規路線バスの研究で，車輌のエクステリアやインテリアのイメージをつかみやすくするために，3Dプリンタで模型をつくる事例もある。さらには，誰もが見やすいユニバーサルシアターの

図4.7 試作した電動小型バスのインテリアモックアップ
筆者が慶應義塾大学SFCに在職していた当時，学生諸君と試作をした電動小型バス（マイクロバスよりもコンパクトな「ナノバス」）のもの。日用大工の製品を改造するだけでも，空間イメージを評価してもらうための試作まですることができる。

4.5　生活者の声を大切にした試作品をつくろう！　　95

図4.8　筆者もかかわった自動運転機能付き小型電動車輌の試作シーン

予算と時間の関係で，当該年度は走行機器と車体の枠（フレーム）しか試作できなかった。工学系の研究では資金と時間の制約との勝負にもなるので，上記の模型のような手法を併用して，評価をする人々がイメージをつかみやすいように心がける。試作はいくつかの手法の組合せも手である。

研究をしている者は空間イメージを試作して，VR（仮想的現実空間）で生活者の評価につなげる事例もあり，じつに多様である。

　試作のポイントは，研究の資金・期間と終わりの時間から，最善の方法を選ぶことである。最善の方法とは，試作のクオリティが最も高くなる方法である。洗剤・洋服・イスなどの日用品であれば手づくりでも十分であるし，自動車や映画館のような大きめの空間の研究であれば3DプリンタやVRのような高度情報技術を用いることも考える必要があり，それが各種ITの進展から学部生や大学院生でも質の高い試作ができるようになった（図4.7，図4.8）。

96　　第4章　工学の研究をどのように行なうか

4.6 *ƒ* 試作品の動作を確かめ, 実際に生活者に使ってもらおう!

　試作を行なったら, 試作品の動作の検証を研究者自らまず行なう。そして, うまく動作することを確認したら, 次にユーザに使ってもらい, 良いところと改善すべきところ（悪いところ）を評価してもらう。この成果をもとに二次試作に向けて必要な改善点やさらに伸ばすべきことをまとめる。資金と時間に余裕がある場合には, 二次以降の試作・検証・評価を行なう。

　生活者の評価は, その試作品が量産化されたときに使うであろうユーザ層を意識し, サンプリングを行なう。たとえば, 前記した洗剤容器の改善の研究であれば, 洗濯をおもに行なう20歳から60歳代の主婦層が評価者になるし, ユニバーサルシアターであれば映画を見に行きたいが行きにくい障がい者層が評価者の中心になる。そうして適切なユーザ層に評価してもらう。

　ユーザ評価も調査であるが, ここでも「定量調査」→「定性調査」の順番で行なうことが普通である。まずは, 質問紙などの定量調査でユーザ側の感想や印象, 改善ニーズなどを把握する。そして, その定量評価に基づいて主要な問題点や改善ニーズについて, ユーザ側に深くインタビューする流れである。この流れから次の試作へ必要な知見を整理していく。

　参考までに, 筆者が屋内用の自動運転機能付き小型電動車輌を試作し, 慶應義塾大学病院内で患者たちに乗ってもらった際の評価シートを**図4.9**に示す。評価のときは, まず定量評価でユーザの意向を把握した。

4.6 試作品の動作を確かめ，実際に生活者に使ってもらおう！　　*97*

患者搬送車両の試乗評価調査（患者様用）

<研究者記入欄>
日づけ　　　（　　　）月（　　　）日
乗車時間　　（　　　）時（　　　）分頃　〜　（　　　）時（　　　）分頃
天候　　　晴れ，曇り，雨
周囲障害物の誤検知による停止　　有（　　回）無　　「有」は場所：　　　　　　　）
搭乗者姿勢の誤検知による停止　　有（　　回）・無　　「有」は原因：　　　　　　）

（お願い）
ただいま試乗して頂いた患者搬送車両への印象や感想等，この調査にて率直なご意見を頂ければ幸いです．今回用意した車両は，あくまでも試作車であり，今後の量産・普及を目指してみなさまの声を集め，ニーズを反映させた改良をして参りたいと考えております．ぜひとも，みなさまのご回答をお願い申し上げます．なお，皆様のご意見は今後の研究・開発にのみ使い，個人が特定されることや個々の回答が漏えいしないことをお約束します．

2014 年 7 月
慶應義塾大学
株式会社豊田自動織機

※以下の全ての設問では，選択式の質問ではあてはまるものに〇をつけ，自由回答の質問には自由に率直なご意見をお書き下さい．

質問 1.　試乗して頂いた患者搬送車両の「乗車」はしやすかったでしょうか．
　　　　①とてもしやすい，②しやすい，③しづらい，④とてもしづらい

質問 2.　試乗して頂いた患者搬送車両の「降車」はしやすかったでしょうか．
　　　　①とてもしやすい，②しやすい，③しづらい，④とてもしづらい

（自由意見）乗車や降車について，印象や感想，改善点等，意見がありましたらお書き下さい．

第4章　工学の研究をどのように行なうか

質問3.　試乗して頂いた患者搬送車両の「座り心地」はいかがでしたか.
　　　　①とてもよい，②よい，③わるい，④とてもわるい

質問4.　試乗して頂いた患者搬送車両の「走行速度」はいかがでしたか.
　　　　①もっと早くしてよい，②今のままでよい，③もっとゆっくりにしてほしい

質問5.　試乗して頂いた患者搬送車両の「加速・減速」はいかがでしたか.
　　　　①もっときつくてよい，②今のままでよい，③もっと緩やかな方がよい，

質問6.　試乗して頂いた患者搬送車両の「走行中の乗り心地」は総体的にいかがでしたか.
　　　　①とてもよい，②よい，③わるい，④とてもわるい

（自由意見）乗り心地や座り心地，走行速度等について，印象や感想，改善点等，意見がありましたらお書き下さい.

質問7.　患者搬送車両に試乗していたとき，「周囲の目」は気になりましたか.
　　　　①気になった，②特に気にならなかった

質問8.　試乗して頂いた患者搬送車両の「外観のデザイン」はいかがでしたか.
　　　　①とてもよい，②よい，③わるい，④とてもわるい

質問9.　試乗して頂いた患者搬送車両の「内装のデザイン」はいかがでしたか.
　　　　①とてもよい，②よい，③わるい，④とてもわるい

（自由意見）デザインや周囲の目などについて，印象や感想，改善点等，意見がありましたらお書き下さい.

4.6 試作品の動作を確かめ，実際に生活者に使ってもらおう！　　99

質問 10.　患者搬送車両に試乗していて，「怖いと感じたこと」はありましたか．
①怖いと感じたことがあった，②特に怖いと感じたことはなかった

（自由意見）怖いと感じた方は，どのような点が怖かったをお聞かせください。

質問 11.　患者搬送車両を歩行者の立場から見て「走行速度」はいかがでしたか．
①もっと早くしてよい，②今のままでよい，③もっとゆっくりにしてほしい

質問 12.　患者搬送車両を歩行者の立場から見て，「怖いと感じたこと」はありましたか．
①怖いと感じたことがあった，②特に怖いと感じたことはなかった

（自由意見）怖いと感じた方は，どのような点が怖かったをお聞かせください。

質問 13.　試乗して頂いた患者搬送車両の「音声ガイダンスおよび警告音の音量」はいかが
でしたか．
①うるさく感じた，②今のままでよい，③小さく感じた

（自由意見）安全確保の方法（怖いと感じないか，音声ガイダンス，警告音等）について，印
象や感想，改善点等，意見がありましたらお書き下さい．

質問 14.　試乗して頂いた患者搬送車両の「モニターの位置」は適切ですか．
①適切である，②適切でなかった

質問 15.　試乗して頂いた患者搬送車両の「モニターの案内」は適切ですか．
①適切である，②適切でなかった

100　第4章　工学の研究をどのように行なうか

質問 16.　試乗して頂いた患者搬送車両の「モニターのボタンの大きさ」は適切ですか.
　　　　①適切である，②適切でなかった

質問 17.　試乗して頂いた患者搬送車両の「モニターの文字の大きさ」は適切ですか.
　　　　①適切である，②適切でなかった

質問 18.　試乗して頂いた患者搬送車両の「モニターの総体的な見やすさ」はいかがですか.
　　　　①見やすい，②見づらい

質問 19.　試乗して頂いた患者搬送車両の「モニターのボタンの反応速度」はいかがですか.
　　　　①ちょうどいい，②遅い
（自由意見）モニターについて，印象や感想，改善点等，意見がありましたらお書き下さい.

質問 20.　サテライトステーションの「文字のサイズ」は適切でしたか.
　　　　①大きく感じる，②ちょうどよい，③小さく感じる

質問 21.　サテライトステーションの「画面が切り替わる速度」はいかがでしたか.
　　　　①速く感じる，②ちょうどよい，③遅く感じる

質問 22.　サテライトステーションの「外観のデザイン」はいかがでしたか.
　　　　①とても良い，②良い，③悪い，④とても悪い

（自由意見）サテライトステーションについて，印象や感想，改善点等，意見がありました
らお書き下さい.

質問 23.　今後，患者搬送車両を利用してみたいですか.
　　　　①利用したい，②利用したくない

4.7 工学の研究成果をまとめて発表しよう！　　101

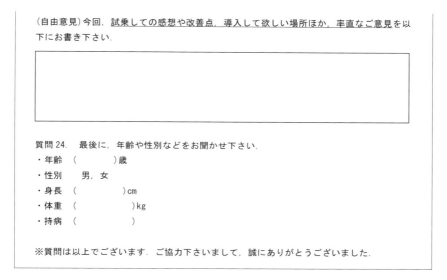

図4.9　患者搬送車輌の試乗評価調査シート

4.7　工学の研究成果をまとめて発表しよう！

　工学系の研究では，これまで述べてきた研究のプロセスと成果を発表することがきわめて重要である．自分の考えを整理する，自分の考えを聞いてもらうだけではなく，自分自身の意見や考えをより重厚にして公表するチャンスにもなる．また，学会などで成果を発表する段階になれば，次の研究の支援を行政や企業から得ることにもつながる．成果発表で時に大きなチャンスがめぐってくることもある．たとえば前述した筆者の数々の研究は，電気で動く車輌という点で共通しているが，つねに学会などで成果発表をしているからこそ各方面が主旨に賛同してくださり，研究の広がりを支援してくれた．人は聞くより話すのが好きであり，だからこそ聞きたいことを話して聞き手が飽きないように心がけることが大切である．さらに顔を見て話すのが効果的で印象がよい．紙を見ながら話すのは印象が悪い．
　PowerPointの資料は，1分1枚のペースでつくることが基本である．これ

は企業でも重視しているところが多い。また，PowerPoint＝力点であり，スライド資料ではつねに要点を3点で説明するのがよいとされている。長々と文書で書く，または箇条書きが多めであると聞き手がついていけないし，箇条書きが1点や2点であると聞き手は物足りなさを感じる。さらに，全スライドの構成を絵・画像と文字を半々ぐらいにすると，物足りなさが軽減される。

　具体的に，文字中心の資料は，3行（3項目）での説明が標準であり，話者のメッセージがより伝わりやすいように重要な項目の順に書く。文字は24ポイント以上がよい。さらに絵や画像のカットが入るとベターである（図4.10）。絵や画像が中心の資料は，1つの内容を1枚あるいは1種類（同種2〜3枚ぐらい）を用いて，絵や画像の解説や主張を簡潔に1〜2行ほどでまとめるとよい。もちろん，絵や画像はカラーのほうが望ましく，印象もよい。

直面している環境問題について
== 「地球温暖化問題」 ==

- 地球温暖化問題を疑う人々はいない
- その主因である二酸化炭素発生の約2割が内燃自動車によるものである
- 特に中国を中心とした発展途上国で，発生の量が著しく伸びると予想される

図4.10　文字中心のスライドの例

3行（3項目）での説明が標準であり，話者のメッセージがより伝わりやすいように，重要な項目の順に書く。文字は24ポイント以上がよい。さらに絵や画像のカットが入るとベターである。

4.7 工学の研究成果をまとめて発表しよう！　　103

図4.11　絵や画像を用いる成果発表スライドの例

1つの内容を1枚あるいは1種類（同種の絵や画像2〜3枚ぐらい）を用いて，絵や画像の解説や主張を簡潔に1〜2行ほどでまとめるとよい．

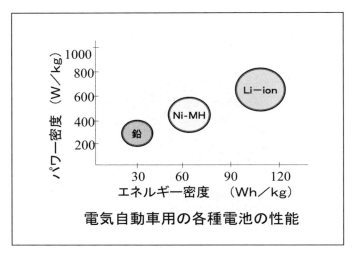

図4.12　図の資料の作成例

目立つように文字は24ポイント以上とする。グラフも聞き手が混乱しないよう1スライド1グラフを原則とし，グラフの結果を1〜2行ほどで説明できるようにする。

	飛行機	新幹線	高速バス
運賃	一番高い	普通	一番安い
時間	一番速い	普通	一番遅い
快適さ	一番快適	普通	一番疲れる

東京―青森の移動手段比較

図4.13　表の資料の作成例

3行3列程度を標準にし，24ポイント以上の文字でまとめる。最も強調したい部分のみ，色やフォントを変えるとよい。

4.7 工学の研究成果をまとめて発表しよう！　　*105*

こちらも文字は24ポイント以上で見やすくする（**図4.11**）。図の資料は，目立つように明確にして，文字は24ポイント以上を守る。グラフも聞き手が混乱しないように1スライド1グラフを原則とし，グラフの結果を1～2行ほどで説明できるようにする（**図4.12**）。表の資料は，3行3列程度を標準にして，24ポイント以上の文字でまとめる。最も強調したい部分のみ色やフォントを変える（**図4.13**）。

　工学的な研究成果のスライド構成は，おおむね次のとおりとなる。卒業論文などでも同様である。「① はじめに」から「④ 本研究の手法と内容」までは，研究計画書の内容を簡潔にまとめればよい。

《参考情報》工学的な研究成果のスライド構成

① はじめに

② 本研究の社会的背景

③ 本研究の目的と目標

④ 本研究の手法と内容

⑤ 本研究での倫理的配慮（大学の研究倫理委員会の承認などについて簡潔に触れる）

⑥ 生活者が抱える問題やニーズ

⑦ 問題解決に向けた試作の計画と実践

⑧ 試作品の仕様

⑨ 試作品の動作検証およびユーザ評価の結果

⑩ 結果の考察

⑪ 二次試作に向けた改善の知見（試作を2回以上行なった場合は⑥～⑨の内容を考慮）

⑫ 研究の今後の課題

⑬ おわりに

⑭ 謝辞

⑮ 参考文献

おわりに

　本書では，工学の「生活者に肉迫して，抱えている問題やニーズに基づき公共の安全や健康，福祉（幸福）のために，有用な事物や快適な環境を構築することを目的とする学問」という本質に立ち戻り，「使いやすさ」を追究することの適切なプロセスについて事例をふんだんに含めて解説してきた。機械などの物品やわれわれが生活する環境を創造して，われわれ生活者の幸福度を上げるうえでは，「使いやすさ」の向上がキーである。工学といえども，人文社会科学との融合がもはや不可欠であり，その融合的アプローチの過程と意義を本書でわかっていただけたと思う。今後，いっそうの少子高齢化が日本では進行し，海外の労働人材が多数入ってくることも確かである。それを考慮すれば，多様な人材が生活しやすい環境とそれを支援する物品の創造は，あらゆる人々にとっての「使いやすさ」第一で進むはずであり，異を唱える人はいないはずである。ぜひ皆さんにはそれを意識しながら工学に挑戦してほしい。

　筆者は，慶應義塾大学総合政策学部という国内の学際系学部のパイオニアの出身である。いわゆる工学部の出身者ではない。筆者が東京都市大学都市生活学部・大学院環境情報学研究科で主宰するユニヴァーサルデザイン研究室の最大のウリは，「ハードウェアとソフトウェアを一緒に扱ってしまうユニークな学際系研究室」ということである。だからこそ生活者の問題やニーズを明確に

する社会調査から生活者が欲する物品やサービスの企画と試作，試作したものの検証と評価，その適切な普及の方策までを幅広くメンバーが実践している。じつは，これが工学の本質である「生活者に肉迫して，抱えている問題やニーズに基づき公共の安全や健康，福祉（幸福）のために，有用な事物や快適な環境を構築すること」の実践になっている。いわゆる人文科学や社会科学的な調査法や物品の適切な普及を考える経済・経営学，マーケティング理論も含めて自然科学の知を活かした試作・検証・評価までを日々推進している。純粋な工学部で研究室を展開していないからこそ，工学部の問題や課題も見えてくるわけである。

　じつは本書は，工学部でない「工学部に近い」立場から客観的・公平に，工学での「使いやすさ」の追究法を述べているユニークさをあわせもつ。ぜひ皆さんには改めて工学の本質というものに本書をきっかけとして立ち戻っていただき，「使いやすさ」を追究しながら生活者の幸福に絶えず寄与してほしい。その皆さんの活躍を祈りながら，本書を閉じることにしたいと思う。

謝辞
　本書をまとめるにあたり慶應義塾大学出版会の皆さんにはたいへんお世話になった。とくに本書担当の編集者である浦山毅さんには多様なご指導・ご支援をいただいた。心より御礼申し上げる。

参考文献

　本書は，筆者の日々の研究教育の経験と成果に基づいて書いているので，参考文献などはないが，読者の皆さんにとっては慶應義塾大学出版会のアカデミックスキルズ・シリーズが参考になるはずである。これは，研究のお作法を大学1〜2年生でもわかるようにスキル別にわかりやすく書かれているシリーズであり，必要なスキルに応じて一読することを奨める。

1）大出敦：『アカデミックスキルズ クリティカル・リーディング入門』，慶應義塾大学出版会，2015年10月
2）西山敏樹・常磐拓司：『アカデミックスキルズ 実地調査入門』，慶應義塾大学出版会，2015年9月
3）慶應義塾大学日吉キャンパス学習相談員：『アカデミックスキルズ ダメレポート脱出法』，慶應義塾大学出版会，2014年10月
4）市古みどり・上岡真紀子・保坂睦：『アカデミックスキルズ 資料検索入門』，慶應義塾大学出版会，2014年1月
5）西山敏樹・鈴木亮子・大西幸周：『アカデミックスキルズ データ収集・分析入門』，慶應義塾大学出版会，2013年7月
6）新井和広・坂倉杏介：『アカデミックスキルズ グループ学習入門』，慶應義塾大学出版会，2013年4月

索　引

【数字・英字】

3D ……………………………… 10
3Dプリンタ ……………… 24, 70
AI（人工知能）………… 10, 11
AO入試 ……………………… 15
AR（拡張現実）………… 10, 11
CAD ………………………… 71
Ergonomics（エルゴノミクス）
……………………………… 4
Human Factors（ヒューマン
ファクターあるいはヒューマン
ファクターズ）……………… 5
IoT（Internet of Things）
………………… 10, 11, 60
P（計画）D（実行）C（評価）A
（改善行動）……………… 23
SD法（Semantic Differential
Method）………………… 64
Validation（評価）………… 32
Verification（検証）……… 32
V&V（検証と評価）……… 33
VR（仮想現実）………… 10, 11

【あ行】

医学・生理学 ………………… 7

インダストリアルデザイン ……… 7
インタビュー ……………… 68
インタフェースデザイン ……… 10
インタラクション …………… 3, 10
インフォームド・コンセント … 55
ウェアラブル ………………… 10

【か行】

科学的合理性 ……………… 39
環境工学 …………………… 7
環境情報 …………………… 9
感性評価 …………………… 64
機械設計 …………………… 6
協調作業支援 ……………… 10
クレイモデル ………… 28, 31
研究計画書 ………… 41, 42, 81
研究倫理 ……… v, 37〜39, 41, 47
研究倫理教育 ………… 37, 38
検証 …………… 32, 33, 96
工学 …………… iv, 1, 7, 15
工学研究 ……… 75, 76, 80〜84
拘束 ………………………… 57
行動観察 …………………… 62
国際福祉機器展 ……… 16, 19
個人情報 …………………… 52
コミュニケーション支援 ……… 10

【さ行】

作業研究 ……………………… 7
サービス ……… iii, 4, 10, 47, 60
サービスデザイン ………… 61, 87
資金 …………………………… 60
試作品 ……… 28, 64, 65, 70, 93
システム設計 ………………… 6
実験心理学 …………………… 7
質問紙調査 …………………… 68
自動運転 …………………… 12, 13
謝金 …………………………… 62
情報デザイン ………………… 10
侵襲性 ………………… 54, 55, 57
身体的インタラクション ……… 10
スライド ……… 102, 103, 105
成果発表 ………… 101, 103, 105
制御工学 ……………………… 7
ソフトウェア ………………… 71

【た行】

タスク実施 …………………… 66
著作権 …………………… 71, 72
使いやすさ …… iii～v, 4, 8～10,
　　13, 16, 19, 21, 23, 24, 26, 27,
　　32, 38, 52, 60, 62, 64, 72, 76
デジタルファブリケーション社会
　　…………………………… 71
同意撤回の権利 ……………… 46

【な行】

人間工学 ………………… 3～7, 10
ノンバーバル ………………… 10

【は行】

発話 …………………………… 62
非拘束 ………………………… 57
非侵襲性 ………………… 54, 57
ヒューマンインタフェース
　　……………… iii, 10, 47, 51
評価 ………… 32, 33, 65, 96
ファブリケーション ………… 71
福祉 ……………… iv, 4, 10, 19
プライバシー ………………… 62, 63
ヘルシンキ宣言……………… 38

【ま行】

マルチモーダル………………… 10
モバイル ……………………… 10

【や行】

ユーザエクスペリエンス ……… 26
ユーザビリティ …………… iii, 10
ユーザモデル…………………… 10
ユニバーサルデザイン …… 10, 75

【ら行】

倫理的妥当性 ………………… 39

倫理的配慮
　　········ 35〜37, 64, 68〜70, 72
ロゴＱ　······························ 58

【わ行】

ワークショップ ····················· 27

【著者紹介】

西山敏樹（にしやま・としき）

東京都市大学都市生活学部・大学院環境情報学研究科准教授。
1976年東京生まれ。慶應義塾大学総合政策学部卒業，同大学大学院政策・メディア研究科修士課程修了，同後期博士課程修了。2003年博士（政策・メディア）。
2005年慶應義塾大学大学院政策・メディア研究科特別研究専任講師，2012年同大学大学院システムデザイン・マネジメント研究科特任准教授を経て，2015年より現職。慶應義塾大学SFC研究所上席所員，日本イノベーション融合学会専務理事，ヒューマンインタフェース学会評議員なども務める。専門は，公共交通・物流システム，ユニバーサルデザイン，社会調査法など。

工学部生のための研究の進めかた
"使いやすさ" の追究と倫理的配慮

2018年3月24日　初版第1刷発行

著　者————西山敏樹
発行者————古屋正博
発行所————慶應義塾大学出版会株式会社
　　　　　　〒108-8346　東京都港区三田2-19-30
　　　　　　TEL〔編集部〕03-3451-0931
　　　　　　　　〔営業部〕03-3451-3584〈ご注文〉
　　　　　　　　〔　〃　〕03-3451-6926
　　　　　　FAX〔営業部〕03-3451-3122
　　　　　　振替　00190-8-155497
　　　　　　http://www.keio-up.co.jp/

本文組版・装丁——辻　聡
印刷・製本———中央精版印刷株式会社
カバー印刷———株式会社太平印刷社

© 2018 Toshiki Nishiyama
Printed in Japan　ISBN 978-4-7664-2503-1

慶應義塾大学出版会

近未来の交通・物流と都市生活
—— ユニバーサルデザインとエコデザインの融合

西山敏樹編著 早くて、便利で、サービスも行き届いた交通とは？ 実践事例として、電動低床フルフラットバス、病院内自動運転車、農都共生支援システム、IoTタグ交通運輸情報システム、小型無人ヘリコプターを紹介。自動運転、蓄電池などの未来技術にも言及。 ◎2,700円

福祉技術と都市生活
—— 高齢者・障がい者・外国人・子どもと親への配慮

西山敏樹著 誰もが快適に過ごせる都市環境をつくろう！「高齢者」「障がい者」「外国人」「子どもとその親」という新しい4つの視座で、最適な福祉技術を考える。障がい者差別解消法でいう"合理的配慮"にも言及。◎2,700円

交通サービスの革新と都市生活
—— 行動の意思決定を有効に支援する技術

西山敏樹著 人工知能やIoT技術の進展で、大きく変容しようとしている都市交通。フットワークの軽い「軽薄短小」と、生活の質を上げる「個重視」のサービスが、未来の都市生活シーンをどのように変えていくのか。 ◎2,700円

表示価格は刊行時の本体価格（税別）です。

慶應義塾大学出版会

アカデミック・スキルズ（第 2 版）
―大学生のための知的技法入門
佐藤望編著／湯川武・横山千晶・近藤明彦著　2006 年の刊行以来、計 4 万部以上のロングセラーとなっている大学生向け学習指南書の決定版。様変わりした情報検索環境に対応した記述に変更し、より読みやすく章構成を再編。　　　　　　◎1,000 円

アカデミック・スキルズ
グループ学習入門―学びあう場づくりの技法
新井和広・坂倉杏介著　信頼できるグループの作り方、アイデアを引き出す技法、IT の活用法、ディベートの準備など、段階に合わせて、気をつけるポイントを紹介。　　　　　◎1,200 円

アカデミック・スキルズ
データ収集・分析入門―社会を効果的に読み解く技法
西山敏樹・鈴木亮子・大西幸周著　モラルや道徳を守りながら、人や組織の行動を決定づけるデータを収集・分析し、考察や提案にまとめる手法を紹介。　　　　　　　　　　◎1,800 円

アカデミック・スキルズ
資料検索入門―レポート・論文を書くために
市古みどり編著・上岡真紀子・保坂睦著　テーマや考えを固めるために必要な資料（根拠や証拠）を検索し、入手するまでの「検索スキル」を身につけるための入門書。　　　　◎1,200 円

アカデミック・スキルズ
実地調査入門―社会調査の第一歩
西山敏樹・常盤拓司・鈴木亮子著　はじめて社会調査を行う学生を対象に、調査の計画・実施とデータ分析の基礎について、事例を交えながら説明。　　　　　　　　　　　◎1,600 円

表示価格は刊行時の本体価格（税別）です。

慶應義塾大学出版会

大学1年生からの研究の始めかた

西山敏樹 著

これから研究をはじめる大学生に、研究とは何かを考えさせ、自ら研究を進めるためのプロセスを、豊富な事例とともにやさしく解説。主体的に学び、目標を達成しようとする姿勢を身に付けるための1冊。

A5判／並製／128頁
ISBN 978-4-7664-2364-8
◎1,400円

◆**主要目次**◆
はしがき
本書の読み方と筆者の紹介
❶ 「計画」はなぜ重要か
❷ 研究とは何か
❸ 研究テーマを決める
❹ 研究の背景を具体化する
❺ 研究の目的と目標を定める
❻ 研究の内容・手法と期待される成果を定める
❼ 参考文献の書き方
❽ 研究計画書の事例
おわりに
付録　おすすめ文献リスト
付録　チェックリストおよびワークシート

表示価格は刊行時の本体価格（税別）です。